塔羅占卜超上手
圖解攻略

Ryuji Kagami's TAROT READING

熱銷新版

從入門到進階，
最簡明分類＆
最易懂解說！

CONTENTS

前言

鏡龍司

回想當年我第一次接觸塔羅牌，轉眼間已經度過了漫長的人生歲月。關於塔羅牌，我出版了好幾本專業書籍，翻譯相關著作，還透過雜誌和網站等媒體平台監修各式各樣的塔羅牌。

仔細想想，我的人生超過一半的時間都圍繞著塔羅牌打轉。其實，我的書架才是受害者，塔羅牌和相關書籍占據了絕大多數的空間。不，不僅如此，無限增生的塔羅牌和相關書籍連書架本身都無法招架，目前已經跨越了書架這個制式的框架，呈現出逐步侵略客廳地板的狀態。

因為呈現這種爆炸的狀態，我個人也覺得該是時候捨棄塔羅牌了吧！但事實卻完全相反。少年時期的我第一次接觸到塔羅牌時的激昂，至今依然在我心底深處不斷綻放出火花；即使已經長大成人，直到現在依然不斷觸動著我的內心。現在，當我拿到塔羅牌的時候，依然能夠感受到那種無以言喻的悸動。

這份內心的悸動，就是現在，我相信第一次接觸塔羅牌的你，甚至是技巧純熟的塔羅牌占卜師也都能感受到同樣的心情。

我之所以又一次推出塔羅牌入門書，就是因為塔羅牌的這種魅力在背後默默地推動著我。

這本書的書名寫著「圖解攻略」這四個字，不過，或許有些讀者會對這本書的書名抱持疑問。我所撰寫的眾多塔羅牌書籍中，關於塔羅牌歷史，已經上市的《塔羅的祕密》（タロットの秘密，二〇一七年／講談社）中幾乎囊括了大部分內容。不過和那本書相比，這本書確實可以說是以實用性、實踐性為主。但是，我的其他翻譯作品和著作也包含了相當篇幅的實踐性內容，讀者可能會有「為什麼到現在還在講圖解攻略呢？」這樣的感覺吧！其實，這本書是我逐一翻閱卡牌的當下，同時編織自己的思緒寫成，某種程度上來說散文和隨筆的性質相當濃厚。

但是，我認為這才稱得上是真正圖解攻略，實踐塔羅牌的精神。

說到塔羅牌，過往曾有人認為它的歷史可以回溯至古埃及時代，是遠古時代英明睿智的結晶。也有人想像它傳承了卡巴拉的祕密儀式，或是煉金術後以加密方式呈現。到了現在，我們已經得知這類神祕的塔羅牌誕生故事只不過是「神話」罷了。事實上，這樣的塔羅牌「歷史」是十八世紀後半在誤解下展開的，透過歐洲有志研究神祕學的人們之手，依據古埃及起源說的內容，透過各式各樣的想像力層層累積堆疊而成。然而經驗法則研究已經證實，這些神祕學觀點的塔羅牌論述都是沒有事實根據的。

但是所謂的「神話」，並不會因為它沒有事實根據就喪失它的實質意義。神話並非存在於歷史上的某個空間或某個地區，而是打從人們內心深處自然形成的東西。所以即便神話的內容荒誕無稽，卻依然能夠牽絆人們的心，長長久久的流傳下來。

我認為塔羅牌的「神話」本身也擁有同樣的性質。原本做為娛樂卡牌使用的塔羅牌，本身就蘊含著誕生出這些「神話」故事的潛在喚起力量。

超越世俗常規之外的愚昧之人；不論擁有多大的權威和權力都難逃死亡；連結人與人之間的愛。這些日常生活中可以看見的形象泉源，都蘊藏在塔羅牌中。實際進行占卜，雖然可以歸類出它具體的意思並且應證到現實狀況中，但此時如果只是說著「這張卡牌代表這個意思」，如此的陳腔濫調是無法撼動人心的。應該說，當你看著卡牌上呈現的抽象圖案，腦中浮現出的形象，正在與人生或人世間的狀況進行化學反應後產生了連結，這才是塔羅牌真正想要傳達給你的內容。

這本書並不是「在這種情況下，抽到這張牌的時候必須如此預言……」這種類型的書籍。應該說，這本書是我本身受到卡牌觸動，我的意念馳騁天際後所留下的軌跡。你並不需要遵循我的軌跡，但是你可以把這份意念的深度和廣度當作樣本參考。期盼本書能夠幫助你自行與卡牌對話，孕育出屬於你自己的卡牌形象，並建構屬於你的塔羅牌世界。我深信，這才是最棒的塔羅牌圖解攻略，實踐守則。

PART 1

MAJOR ARCANA

大阿爾克那

大阿爾克那 MAJOR ARCANA

在全套78張塔羅牌之中，最令人感覺「符合塔羅牌形象」的，就是被稱為大阿爾克那的一系列卡牌。

包括在懸崖上翩翩漫步的「愚者」；或許是受到什麼樣的懲罰，或是出於個人自願壯烈犧牲而倒吊在樹上的「吊人」；操弄著人們命運的「命運之輪」；極度醜陋而令人心生畏懼的「惡魔」；宛如吹起無常之風的「死神」；綻放絢爛耀眼光芒的「太陽」，以及宛如呈現男女之間美麗愛情的「戀人」等等。

人們想透過這些卡牌，看到人生中更深層的意涵，這是非常理所當然的事。而且，這些描繪著圖案的卡牌被稱為大「阿爾克那」也讓人十分認同。所謂的阿爾克那，就是「神祕」這個意思的拉丁語單字。因此，大阿爾克那其實就是「重大祕密」的意思。

但是話說回來，綜觀塔羅牌的發展史，它並不是那種充滿神祕氣息，類似某種密教一般的東西。而是直到十九世紀後半，人們才開始將「阿爾克那」這個字和塔羅牌連結在一起。

最早的時候，塔羅牌的發展歷程和撲克牌一樣，都是源自於伊斯蘭，是一種由四種花色（分類）所組合而成的卡牌遊戲。文藝復興初期傳入西歐之後，這個最新穎的舶來品遊戲在貴族之間蔚為流行。到了十五世紀中葉，義大利北部的貴族們則發展出了劃時代的驚人新發明。

他們在類似撲克牌的數字卡牌（現今稱為「小阿爾克那」的體系）中，加上源自繪畫卡牌的王牌，試圖讓遊戲規則變得更加複雜化，而這些繪畫卡牌日後被稱為「大阿爾克那」。

既然是一種遊戲，理所當然的就要採用了任何人都能立刻理解的素材。其中被拿來加以運用的是「皇帝」和「教皇」等當時社會上的職稱，以及當時流行的「寓意畫」這項傳統。比方說「正義」、「時間」、「愛」、「死亡」、「節制」等抽象的概念，透過羅馬的傳統，以繪畫方式呈現。名為「正義」的抽象概念透過手中握有寶劍和天秤的人物，以擬人化方式呈現，而「時間」則是描繪了手中拿著沙漏和鐮刀的老人。塔羅牌中大量採用了這類型的寓意畫。

然而，這類寓意畫的傳統隨著時光流逝而逐漸失傳，再加上重複進行複製之後，被後人追加了各種變形要素，以至於到了現代，塔羅牌在人們眼中成為一個充滿謎團的東西（其中也有在傳統寓意畫之中找不到的要素）。為什麼從為數眾多的寓意畫，演變成現在塔羅牌中僅剩22張隸屬於大阿爾克那的基礎卡牌？是否存在著某種體系？這部分至今依然眾說紛紜。十八世紀後半之後，將各種神祕主義投射在塔羅牌之中，也是源自於這樣的典故。

雖然我們稍微提到一些大阿爾克那的歷史圖像起源，但我卻想針對從這些圖像所感受到的各種形象之間的連鎖關係進行探討。這是因為我認為塔羅牌的寓意也是一種超越歷史範疇，可以喚醒普遍性形象的概念。就像心理學家榮格稱為「原型」的東西，我認為也可將塔羅牌視為是迴盪在人類深層潛意識中的形象群。

我希望各位讀者將焦點放在塔羅牌的繪畫卡牌上。你將可以看到這些充滿異國風情的圖像，逐漸的和一成不變的日常生活景象，以及我們屢屢在人生旅途中邂逅、極具深層寓意的事物之時，內心所產生的悸動相互重疊，一同發出悅耳的共鳴。

接著，只要你跟這些圖像進行對話，就可以感受到自己因此開啟了全新的視角，讓你得以重新面對現在所面臨的各項問題。

本書中的插畫採用萊德韋特塔羅牌，這個二十世紀最知名的塔羅牌名作。雖然這套卡牌依據神祕學的解釋進行製作，但由於它淺顯易懂而且容易入手，因而博得廣大的支持度，並且普及到世界各地，遠遠超過當初製作者的預期，成為承接眾多人們情緒變動的載具。

來吧！就讓塔羅牌的形象在你心中流動吧！我那拙劣的解釋和形象流動，就是為了觸動你本身形象變化的一種催化劑。就是現在！讓我們一起踏上這趟旅程。一開始先由我擔任領航員，不過塔羅牌的形象世界實在非常博大精深，相信最終你還是可以找到屬於你自己的路，遇見只有你才能夠看見的美麗風景吧！如果這些景色可以豐富你的現實人生，就是我最感欣慰的事。

0
愚者
The Fool

愚者本身「不屬於任何具體人物」，同時卻又「能夠成為任何東西」。它是純粹且未發展成熟的能量聚合體，因此周遭經常伴隨著危機。然而，如果你因為害怕承受風險而放棄採取行動的話，可能會因此失去所有能夠到手的機會。這張卡牌建議你回到最原始的初衷，以澄淨的心專注看待眼前的事物。或許，有時你必須順從心中的想法來採取行動。雖然未知會伴隨著危險，但也蘊藏著同等質量的期待啊！

SYMBOLS of The Fool

A 向左方移動

向左方移動，在心理學上代表無意識的動作。不是往「正確」（right）的方向移動，也不是往有意識的方向走。他違背常識，刻意朝著與體制流動不同的方向行動。

B 特立獨行的裝扮

愚者的服裝呈現出男女皆宜的形象。這並不是在批評兩性論，只是透過性別進行角色分工這件事象徵社會的狀態，而刻意跳脫這項束縛產生差異化，反而會引發類似宗教化那樣的神聖現象。

C 玫瑰花

玫瑰花是生命的象徵。此外，玫瑰窗則是一種曼陀羅，象徵「完整」的意思。雖然愚者尚未發展成為任何一種人，但是將玫瑰花拿在手中，顯示他內心含著一種完整性。也可說是代表了高度可能性，有時間方面的制約，或是從成長的模式中解放後呈現的姿態。

D 狗或是貓？

跟在愚者身邊的小動物。牠並不是聰慧的人類，唯有像動物一般擁有純真的氣息，才能和這個跳脫框架束縛的人物成為朋友吧！

STORY of The Fool

不受成人世界束縛的內在小孩

在披頭四的歌曲中登場的「愚者」

雖然沒有經過嚴謹的調查，如果詢問塔羅牌相關人士「你最喜歡的卡牌是哪一張？」的話，我想回答「愚者」的人應該是最多的吧！印象中海外有匯集各種塔羅牌中「愚者」卡牌後推出的畫集，還被設計成 T-shirt。由於它被解釋成不受任何束縛的人，象徵著自由的靈魂，因此我們可以在這張卡牌中看到塔羅牌的魅力，以及被塔羅牌這種具有特殊性的神秘世界吸引的傾向。

其實，傳統的塔羅牌版本中「愚者」的形象和現代的形象有著非常大的差異。誕生於十五世紀，萊德韋特這個最早期的塔羅牌版本中，是透過貧窮男子在頭上插著鳥類羽毛呈現「愚蠢的行為」，但在馬賽塔羅牌中則畫著長鬍子的老人。

但是在那之後，二十世紀的萊德韋特塔羅牌則是畫了邁開輕巧步伐在懸崖上散步的俊俏青年。就這樣，「愚者」被定調為象徵擁有未知可能性的年輕人形象。

依據現代大多數的解釋，這位零號男子雖然「還不是任何一種人」，卻蘊藏著無限的可能性。這個「愚者」透過塔羅牌的號碼所展開的旅程，也顯現出他的人格成長歷程。

說到對這張卡牌的種種解讀根據，將會響起你我都相當熟悉的音樂。那就是披頭四的「The Fool on the Hill」（作詞：保羅麥卡尼）。一如字面的意思，就是山丘上的愚者。請各位欣賞這段歌詞：

Day after day, alone on a hill
The man with the foolish grin is keeping perfectly still
But nobody wants to know him
They can see that he's just a fool, And he never gives an answer

（日復一日，像傻瓜般傻笑的男子獨自一人站立在山丘上。但是，沒有任何人想要了解他。對大家來說，他看起來只是個傻瓜。因為他什麼都不回答。）

But the fool on the hill ／ Sees the sun going down
And the eyes in his head ／ See the world spinning round

（但是，山丘上的愚者看著太陽西下。接著在他的腦海中，可以看見這個地球正轉動。）

何謂愚者的「智慧」

試著將這段歌詞和萊德韋特塔羅牌的「愚者」卡牌比較看看。你會發現兩者的形象不約而同地重疊在一起了對吧！

保羅在寫這首歌的時候是否參考塔羅牌，對於不是披頭四歌迷的我來說當然不可能會知道。有一種說法是，這個形象似乎違反了當時的常識，這是依據倡導地動說的伽利略學說而來。但是在一九六〇年代之後，因為塔羅牌成為對主流文化高舉反對旗幟的反主流文化當中的重要象徵，如果硬要說披頭四不懂塔羅牌的話似乎有些牽強。相對的，我們應該可以認定這些符合保羅風格的哲學性歌詞，對於之後針對「愚者」的解釋造成了很大的影響。

這名男子完全不受社會輿論的影響，所以人們認為他是個「愚者」。但是這名「愚者」知道太陽的移動其實是因為地球自轉所造成的結果。他知道這個世界是一直不停在轉動的。我們可以從中引伸出「神聖的愚者」和「擁有睿智的傻瓜」這樣的形象。

「愚者」依據披頭四的歌詞，昇華成為與主流智慧不同的另一種智慧，而成為象徵非主流文化的存在。

永遠的少年原型

看到這張卡片時讓我想到榮格心理學中被稱為「永遠的少年」（puer eternus）的原型形象。在榮格心理學中，象徵人類經驗的基本形象存在於人們的心靈深處。

當這個形象開始變動時，人類的心便會產生強大變化。一旦發生宿命般的事件時，毫無疑問就是這類原型正在運作當中。

所謂「永遠的少年」指的就是永遠都不會變老，光彩奪目的靈魂象徵。只要你聯想彼得潘的樣子，應該可以了解我說的意思了吧！沒有受到大人世界中的現實和污染所影響，輕盈地盤旋在空中。正因為年輕所以毫不畏懼！儘管相信自己擁有無限的未來性，卻不擅長「腳踏實地」實際執行。但是不管怎麼說，這種光輝都是相當迷人的。當少年原型開始展開行動時，我們便可掙脫所謂「成人世界的理由」這種惱人的枷鎖，不受「過去的事例」等狀況限制，擁有踏出下一步的勇氣。當然，其中也伴隨著相當程度的風險。

其實我們在幾年前曾經見識過這個少年原型是如何影響人們，讓人們充滿活力的實際案例。相信很多人都還記得，針對日本政府的安全保障相關立法，以學生為主的年輕人們進行了一場大規模示威抗議活動。

不拘泥於一直以來的形式，這次示威活動宛如進行了一場戶外音樂嘉年華，引起超乎想像的廣大回應。我感覺到當時整個日本社會的反應就像發動了「少年」這個原型。針對他們的活動，輿論大致分成兩派。其中一方認為「年輕人們終於開始行動了，這個社會開始改變了。一定要支持他們才行！」這類充滿熱血的成人和年輕人們。另一方則是「假藉政治運動的名義舉辦類似學園祭的慶典，實在是擾人安寧。」如此冷眼旁觀的人們。由於原型呈現出的形象刺激著人們的心靈最深處，讓你感受到強烈的魅力，亦或是嫌惡感，分成極端的兩種反應。實際上是同時喚起了這兩種情感。

「愚者」這張卡牌顯示不受一直以來的社會框架侷限，現在還無法以固定形式呈現的純粹能量。出現這張卡牌的時候，將會同時喚起你對於未知的可能性呈現出的恐懼心理和備受吸引這兩種情感。為了不要扼殺你心中的那個小孩，同時也意識到因為這個小孩尚未發展成熟所帶來的風險，這時必需仔細衡量下一步應該採取什麼樣的行動。然而，前面提到的馬賽塔羅牌這款歷史悠久的木板畫塔羅牌上描繪的老人則是「成人男性（和女性）」圍繞在四周，位處社會邊緣的意思。其實，小孩和老人就是硬幣的正反兩面。

1 魔術師 *The Magician*

當你抽到這張卡牌的時候，想必你已經獲得為了實現某件事所必備的東西，例如技術、知識或是一些想法等等，接下來就是朝著目標付出努力而已。你的行動會讓所有人大吃一驚，掀起一波嶄新的風潮。不要跟隨在任何人的腳步之後，讓自己成為搖旗吶喊的角色，主動採取行動是非常重要的。不要透過任何人，運用你的智慧和努力開創出屬於自己的路吧！可能因此發現你從未注意到的才能哦！

SYMBOLS of The Magician

A 桌上的四項道具

在桌面上放著權杖、聖杯、寶劍和錢幣等小阿爾克那的四件代表性工具。它們分別象徵構成地球的火、水、風、地，在此象徵魔術師是能夠操控這些元素，引發各種奇蹟能力的人物。

B 魔術師的姿勢

據說當佛陀誕生時，一手指向天，一手指向地，口中說著「天上天下唯我獨尊」，這個姿勢和魔術師的姿勢相同，是單純的巧合嗎？這也強烈地呈現出他們兩者在天地間都是獨一無二的。

C 魔法杖

木杖和棒子可能是人類最早使用的「道具」。它們除了作為耕耘大地的鋤頭來使用之外，也可作為擊倒他人的武器。它讓人類的力量增強，從單純的動物躍升為萬物之靈。這是增強能量，決定流程的武器，也是技術的象徵。

D 玫瑰和百合

紅色玫瑰花表現熱情、生命力以及愛情。白色的百合除了象徵純潔，同時也是使用於歐洲葬禮上和墳前，象徵「死亡」的花朵；在這裡可以看出呈現生與死的兩面性。

STORY of The Magician
「魔術師」為誰使用他的能力

魔法師是何者之子？

如果舉辦「塔羅牌總選舉」的話，我認為在人氣票選這一項僅次於「愚者」，分數第二高的應該就是這張「魔術師」了。話說回來，占卜師本身就是一種魔法使者，這麼說來「魔術師」就是喜愛塔羅牌的我們的化身，不是嗎？

這張卡牌最早被稱為「魔法師」。在路邊擺一張桌子，桌上排列著各種小型道具，不斷重複進行著奇幻的表演。或許這不能被稱為是「高級」的工作，卻是一種足以掌握人心的表演。

如果以圖像學的角度簡單說明，魔術師的姿態也出現在被稱為「行星的孩子們」這幅文藝復興時期的歐洲繪畫中。雖然被稱為「行星的孩子們」卻不是描繪行星生的小孩。自古以來的占星術將太陽、月亮、水星、金星、火星、木星、土星等七個天體視為「行星」，分別比喻成擁有人格的角色。例如金星是維納斯，火星是瑪爾斯，等同於在希臘神話、羅馬神話中登場的神格。不同的神針對各自管轄的區域、所發生的事情擁有極大影響力。因此地球上發生的所有事情，都可說是受到某個行星管轄所致。

在「行星的孩子們」中，描繪了不同行星的神祇，搭乘凱旋的車子朝天空飛去的姿態，以及隸屬於這些行星職業的人們在地面上生活的姿態。比方說，如果提到象徵愛與美的金星之子，便是戀人們和音樂家、藝術家等。另一方面，火星則是戰爭之神，其下描繪著戰士的姿態。

那麼，「魔法師」到底是誰的孩子呢？有趣的是，「魔法師」被畫成「月亮」的孩子；這一點在正統占星術中令人難以理解。

因為月亮支配著潮汐變化，而且被認為掌管海洋。基於這樣的說法，一般而言從事漁業和船舶相關職業的人大多被認為是「月亮的孩子」，但為什麼在這幅圖畫中將「魔法師」視為是月亮的孩子呢？

這幅畫中描繪出行星之子「月亮」，以及在路邊擺攤展示魔術道具的魔法師

有時我會被問到「為什麼魔法師是月亮？」這樣的問題，其實我也不明白真正的原因。我能夠想到的理由之一就是，月亮原本就是離地球很近的「低空」天體。因此，在人類世界的階級制度中從事較「低等」的工作，路邊的魔法師恰巧符合這樣的條件不是嗎？

此外，也因為月亮是變換自如的天體，同時也是「容易被欺騙」的象徵。只要想到魔法師施展騙人的「把戲」這件事，雖然不能說這樣的說法不適當，但是，如果是這樣的話，一開始就把他歸類在象徵「技術」和「欺騙」的水星支配之下會比較好。

或許是將貼近人類感情變化的月亮（月亮是感情的象徵），看作是可以深入人們內心世界的魔法師的技術象徵也說不定。

從「魔法師」變身成「魔術師」

來到十九世紀後半以後，這張卡牌變成了「魔術師」。進入現代，又在塔羅牌中加入了超自然、魔術的要素。不是要把戲，而是轉變為使出真正的魔法。

那麼，在這裡所說的「魔術」究竟是什麼？雖然提出具體定義很困難，依據現代的「魔術師」們（比方說出自十九世紀末期在英國組成的魔術結社「黃金黎明協會」這個團體的阿萊斯特·克勞利或是黛安·福圖等人）所述，就是「隨心所欲產生變化的技術」的意思。

依據魔術的世界觀，在這個宇宙中充滿了各種程度不同的靈氣。透過使用魔法這件事，魔術師得以與這些精妙的靈氣接觸，並透過自身的意志指揮這些意圖的方向性，最終結果就是引起這個世界上的變化。魔術的最終目的是讓這個宇宙的本質和自身合而為一。在塔羅牌中描繪的「魔術師」是通往神祕世界的賢者，也是靈性的導師。

儘管如此，這裡所描繪的並不是宛如禪宗高僧或是基督教神祕主義者一般，沉溺在冥想之中一味地倒向精神主義那樣的存在。仔細看看這裡所使用的萊德韋特塔羅牌版本的「魔術師」，你可以看到在魔術師面前的桌上放著權杖、聖杯、寶劍、錢幣等四項道具。這四項道具都是塔羅牌中小阿爾克分類（suit）的記號，在塔羅牌和西洋魔法的象徵學之中，權杖＝火，聖杯＝水，寶劍＝風，錢幣＝土地，被視為地表的四大元素。在古希臘的自然學中，這四項元素則是組成地表世界的基礎，認為自然界中所有的一切都是透過這四項元素相互組合而成。所以可以合理的認為，只要能夠操弄這四項元素的話，就能在自然界中「隨心所欲產生變化」了。

換句話說，這是超越現今科學技術的想法。科幻作家亞瑟．查理斯．克拉克曾說過「高度發達的科學技術和魔術無異」，這句話簡直就是現代技術狀況的真實寫照。

但是，所有的事情都有著另外一面。當你以為能夠操弄所有事情的時候，就會落入陷阱。就像大自然中「超乎想像之外」的事故一樣，得知「人智」存在著極限，這又是更大的智慧不是嗎？操弄事物的「魔術師」是闇黑魔術師，闇黑魔術師最終都會自掘墳墓；目前為止的許多故事中都有這樣的描寫。

這個「魔術師」和前一個「愚者」最大的不同點就是他並不是毫無章法、無意識的存在，而是知所進退，擁有意志力量的。所以，透過這些技能可以做到的事情自然也很多。當這張卡牌出現的時候，也可以想成問題已經解決，或是你擁有可以執行很多事的技能這樣的意思。

然而另一方面，絕不可以有想要「操弄」一切事物的想法，萬萬不可為了一己之私而使用自己的技術和知識企圖利用他人。我們也可以從這張卡牌中看到這樣的告誡。

2

女祭司 *The High Priestess*

這張卡牌顯示，在你的心中起了一些什麼樣的變化。出現這張卡牌的時候，與其計算自己的委屈和損失，還是以自己的直覺和感情流動為優先考量比較好。首先，希望你好好想清楚自己心中真正想做的事。是否有一直以來擔心他人目光而一直隱瞞的事？明明很想做卻一直忍耐沒去做的事？有沒有一直不想面對的事？此外，這也顯示了你可能對靈性事物產生興趣，藉此機會開始學習也不錯哦！

SYMBOLS of The High Priestess

A 頭紗

頭紗本身有著隱瞞或保護某種東西的意思，阻隔無知、缺乏資格者的視線。頭紗本身雖然很薄，卻足以阻絕來自於不相干人等的視線。而且，有勇氣和有資格的人才能夠掀開這層頭紗。

B 皇冠和上弦月

女祭司的皇冠是透過分成兩半的月牙和滿月組合而成，據說是源自埃及的大女神伊西斯。此外，她的腳邊也有個很大的上弦月。月亮是夜晚的象徵，也象徵隨著自然頻率產生變化。這裡顯示女祭司深埋在自然界深處的祕密。

C 兩根柱子

女祭司兩側一黑一白的柱子，就是位於所羅門神殿的兩根柱子。黑和白的對比，和易經中使用的太極陰陽符號相同，可說是顯現出對立的事物卻相輔相成、產生變化的頻率。

D 胸口的十字架

我們可以看到在女祭司的胸前有著和手腕同樣大小的十字架。這個十字架是四個元素維持平衡，或是太陽的象徵。在變化之中依舊維持不變，達到平衡點的意思。

STORY of The High Priestess

隱藏在頭紗裡面的女性

一神教中的女性神性

或許你覺得塔羅牌的圖案一眼望去大多充滿了謎團，其實對於大部分熟悉歐洲文史圖像的人來說，這是「非常普遍的存在」，但是並不包含這個女祭司在內。教皇理所當然是天主教組織中的最高權威者，但是天主教的祭司全部都是男性，從歷史的角度來看，選出女性擔任教皇是無法想像的。

然而，實際上也有以「女性教皇」為主角的故事。說到「女祭司」，我立刻聯想到的就是流傳在歐洲的「女教宗」瓊安的傳說，沒想到居然真的有女性比教皇的地位更崇高的傳說存在。十三世紀的年代記作家，波蘭的馬丁是這樣描述的。

「（前略）……生於美因茨的瓊安在兩年七個月又四天的日子裡登上教皇寶

座，最後死於羅馬。隨後一個月期間教皇之位是空的，據說她是一位女性。瓊安是一位少女，穿著心愛的男性的衣服被帶往雅典，她精通各類知識學問，無人出其右。隨後她前往羅馬教授博雅教育，成為學生和聽眾們的偉大導師。她的生活方式和學術成就在羅馬市之中獲得很高的評價，對萬民來說是成為羅馬教皇的不二人選。但是她在位教皇期間懷了愛人的孩子，由於不知道正確的預產期，她從聖伯多祿大殿前往拉特朗聖若望大殿途中，在從聖克萊蒙特教堂前往羅馬競技場的小路上產下孩子。她死後也被埋葬在同樣的地方。教皇通常會避開這條路，這麼做就是因為他們厭惡這件事。瓊安之所以沒有被列入神聖的教皇一覽表之中，就是因為她是女性，而且與她相關的事情是污穢的。」

這麼一來，瓊安便成為從西元八五五年到八五八年之間在位的「女祭司」。但是，這件事當然不是歷史上的事實，只不過是個傳說而已。

依據教會的詳細文書記載，絕不可能容許這樣的女性存在。但是在民眾之間「女性教皇」確實擁有很多擁護者，隨後也一直被口耳相傳流傳下來。實際上，由於這位女性教皇也殘留在繪畫之中，無法否定這樣的形象融入塔羅牌中的可能性。

從教皇到祭司

更進一步，進入二十世紀之後才提出文藝復興時期文化與塔羅牌之間的關係，最早進行實證性塔羅牌研究的是格特魯得・莫克利（Gertrude Moakley），她指出「女性教皇」在歷史上曾經真實存在，而且推測這段歷史就是這張「女祭司」卡牌發展的軌跡。當然，並不是指天主教的最高權威者的教皇這件事。

其實，在被視為異端的宗教流派中，將女性做為神性的象徵，據說也有擁護女性教皇的某個派別存在，那就是被稱為「吉洛馬派」的一群人。據說其中一位名為曼芙蕾特的女性曾被選出成為「教皇」。

有趣的是，她相當於製作維斯康堤塔羅這個現存最古老塔羅牌的米蘭貴族，維斯康堤家的親戚。而且，她還與維斯康堤家有著婚姻關係，協助製作塔羅牌的斯福爾扎家的比安卡也是熱心的曼芙蕾特擁護者。所以在原版維斯康堤塔羅中的「女祭司」，應該殘留著曼芙蕾特的身影吧！

當然，這只不過是一種假說罷了，我的印象中，猶太教中被稱為聖靈（Shekinah）的都是以女性作為象徵，基督教更是理所當然的，包括聖母瑪利亞、布麗姬、加大肋納等女性聖人都受到崇敬。如此以男性為中心的一神教傳統之中，出現女性形象來彌補不足這件事本身就是人類心中的傾向，也可說是人類本能之一吧！

榮格認為，宗教中衍生出這類女性形象，最根本的原因就是集合無意識等級的「原型」，這是大家都擁有的共通深層心理面向。

比方說，大家都知道在聖母瑪莉亞形象的背後，存在著埃及的大女神伊西斯。在「抱著幼子耶穌的聖母瑪利亞」這個圖像之中，殘留著古代埃及世界中「抱著幼子荷魯斯的女神伊西斯」這樣的記憶。這是大多數美術史學家的意見。超越歷史存續至今的形象之中，有著這樣的女性存在吧！

進入到近代之後，塔羅牌被神祕學化，「女祭司」並不是指基督教框架下的女性「教皇」（The Popess），而是發展為擁有更廣泛含義的「女酋長」（The High Priestess）這樣的名號。遵循塔羅牌＝埃及起源說的埃及風塔羅牌之中，這張卡牌也被賦予了「戴著頭紗的伊西斯」這個聖名。雖然下一張卡牌「女皇」也同樣是女性形象的卡牌，但卻呈現出更為開放的女性形象，因此也被稱為是「脫去頭紗的伊西斯」。

和榮格的夢境判斷一致

這裡該說是我認為很有趣的偶然，我找到了符合的部分，在榮格心理學的重要文獻當中出現和這個「戴著頭紗」同等形象的素材。

榮格的主要重點著作之一《心理學與煉金術》（池田纊一、鎌田道生譯／一九七六年人文書院出版）書中有一篇名為「個性化過程的夢境象徵」的論文。這是將某位夢行者一連串的夢境與傳統煉金術的圖版進行比較，針對其中呈現出來的原型形象進行分析的一項獨特嘗試。順帶一提，這位夢行者就是之後和榮格共同進行共時性研究的二十世紀代表性物理學家沃爾夫岡・包利（Wolfgang Pauli），這是隱瞞長達數十年之久的祕密。當這個事實公開時，我真的感到錯愕又興奮。

在此為各位介紹這個「個性化過程的夢境象徵」中出現的其中一種幻覺像。「戴著頭紗的女人獨自一人坐在階梯上」這句很短的話雖然很簡潔，但是和塔羅牌中的「女祭司」形象不謀而合對吧？榮格將這個形象定義為和「阿尼瑪」同樣的東西。所謂的阿尼瑪，在拉丁語中是「靈魂」的意思，同時也被認為是存在於男性心中的女性形象。

榮格更進一步指出，稱為「階段」的形象，象徵著昇華至靈魂世界或者星體世界並參與祕密儀式。「女祭司」就是將深埋於心中的祕密，透過你必須要有的重要靈性般心靈悸動，展現出來。

3 女皇 *The Empress*

截至目前為止，你所付出的努力將獲得回報。那將會是讓你滿意的結果，或是得到相對應的報酬。對於目前感到幸福的人來說，也代表著維持令人滿意的富足環境下的幸福卡牌。如果你正在追尋幸福的提示，請重新檢視每天的生活。創造出許多微小的期待，可以延伸成為豐富的生活和豐富的人生。另一方面，這張卡牌也顯示出你心中掛念的某個人，你所做出的行為將會威脅到那個人的自由和幸福。

SYMBOLS of The Empress

A 寬鬆的袍子和椅子

「女皇」身上穿著寬鬆的袍子，坐在舒適的椅子上。這象徵著處於放鬆狀態下的豐富精神性。此外，你的身體正在享受這個放鬆的感覺。

B 星星皇冠

「女皇」頭上戴的皇冠宛如象徵十二星座一般，裝飾著十二顆星星。十二星座是圍繞著這個世界的星群，顯示她除了是地面上的「女皇」，同時也是天上的女王。代表「女皇」溫柔地擁抱著宇宙，以及這個世界上的萬物。

C 豐富的大自然

川流不息的河川，代表著富足而豐饒的力量。在歐洲，銀河被認為是偉大的母親赫拉的母乳。此外，也可以視為大地上豐收（可能是指麥田）的景象。

D 權杖

皇帝的權威象徵；但是權杖的外型看起來類似玫瑰花。由此可知她的權威並不是透過武力，而是經由她的個人魅力展現出來的。

STORY of The Empress

「母親」擁抱著你，還是吞噬了你？

榮格的「偉大母親」

依據現在正統的卡牌順序來看，「女皇」的下一張卡牌是「皇帝」。不論是文藝復興時期的原版維斯康提塔羅牌，或是馬賽塔羅牌，你都可以在「皇帝」和「女皇」的卡牌上發現老鷹的徽章。老鷹是從羅馬時代開始一貫的皇帝威權象徵，所以這張卡片單純解釋為「女性權威者」一點也不會讓人感到奇怪。

但是，當我們運用更豐富的想像力進行思考，就會浮現出完全不同的形象。在現實社會中，男性和女性形成不平衡的社會結構。即使在男女平權已被視為理所當然的現代社會之中，男性的優越性依然是不可動搖的，所以在塔羅牌成立的文藝復興時期，這根本是不可能發生的事。

然而，早在進入這樣的時代之前，透過這類型遊戲卡牌呈現出來的煉金術圖像的表象世界中，「國王和王妃」、「皇帝和女皇」就被視為是同樣等級。但是如果將這樣的狀況單純解釋為「過往曾有過男女平權的時代」，簡直是概念上的謬誤。儘管在陰陽符號中，代表男性的陽和代表女性的陰以同等面積呈現，並不會有人因此說中國是男女平權的國家。象徵圖案與現實中的社會結構，未必都是一致的。

但是，這種象徵與現實之間存在的差異，在心理層面以及象徵性次元中，反而成了負面教材，衍生出不符合社會規範的衝動性存在不是嗎？不侷限於塔羅牌，這種「偉大的女性」形象在全世界各地隨處可見。榮格將它稱為「原型的次元」，我認為可以將它視為內在的世界。

既溫柔又可怕的「母親」

現代，大部分塔羅牌占卜師都以榮格所說的「偉大的母親」這類形象來解釋「女皇」。依據榮格的說法，人類之中普遍存在的就是母親的形象。

無論是誰，不需要任何人教導，都會擁抱「母親這號人物」的形象。接著，超越了活生生的、真實存在於現實中的母親，帶給我們重大的影響。我似乎可以想像，會出現不敢相信這類形象居然存在於我們體內這樣的聲音，不不不，我可以百分之百篤定、相信這個「內在的偉大母親」的存在。

比方說，以我們常看的新聞或綜藝節目為例。在人物紀錄片節目中，總是會有訪問運動選手或是藝人等成功人士的母親的狀況居多。這些在在都牽動了我們的心，讓我們在電視機螢光幕前流下眼淚對吧！不，即使是動物紀錄片，只要看到巧妙呈現出離巢的畫面時，我們也會感到一股悲傷襲上心頭。

或許你會說，這是理所當然的啊，但是仔細想想，你不覺得很不可思議嗎？話說回來，為什麼看到與自己一點關係都沒有的陌生人的母親，會如此強烈地牽動著我們的心呢？明明那是「別人的事」。我覺得很有趣的是，在訪問知名人士們的母親這類電視節目中，標題都會命名為「偉大的母親」。我想，這個節目的製作人應該有想到榮格心理學吧！

我認為，這是在榮格心理學中「內在的偉大母親」真實存在的極為單純的證據。我們的心會受到「母親」牽動，正是因為親生母親傾注愛情照顧我們不是嗎？正因為存在著普遍性的母親形象，所以即使是其他人的母親，透過具體的存在而讓你受到刺激，強烈地撼動著我們的心。

母親原型的兩面性

讓我們聽聽看榮格他是怎麼說的。

「母親原型的特性就是『母性』。換句話說，雖然身為女性卻擁有不可動搖的權威。不同於理性，擁有智慧和精神面的高度。可以給予深度的慈悲、保護的東西、成長與豐饒等。有著不可思議的變貌與重生的場面，帶給我們本能或是衝動。」

上述的一切在在都是慈悲母親的形象。在神話中，女神或神祇的母親，有時在神的國度或是天上的耶路撒冷、庭院、作為容器的花朵、以聖母瑪麗亞或是狄蜜特等溫柔女神的樣貌出現。萊德韋特塔羅牌中也可以看到，身穿寬鬆長袍的女性姿態，特別符合「偉大的母親」這個形象。這件長袍也可以看作為孕婦裝。大部分的塔羅牌占卜師都將這位女性解釋成「孕婦」。

但是，「偉大的母親」還存在著另外一種面貌。榮格在前面敘述中給予肯定的形容之後，對於母親原型的性質做出這樣的列舉內容。

「祕密的、隱藏的東西、灰暗、深淵、死者的世界、吞噬、誘惑、擁有毒性、引發恐慌、無法逃避的東西。」（《原型論》榮格著，林道義譯／一九九九年出版，紀伊國屋書店發行）

本質上，母親原型具有兩面性，榮格將這些歸結為「溫柔卻也可怕的母親」。為了更加深入了解母親這號人物，我們試著用「包容一切」這樣的形象會比較容易理解。安心地被包覆於其中，可以盡情地撒嬌的話，那裡就是一種樂園。但是離開那個溫暖的巢穴、完全脫離，或是企圖改變它的時候，這層「包覆」反而會變成「吞噬」自己的東西。這就是母親這個人物的正面和負面形象。

如果出現這張卡牌而讓你的內心受到強烈的衝擊，可能表示你心中那位內在的偉大母親正在行動當中。你已經充分感受到這個世界的舒適、溫暖和恩澤，照理說應該可以感覺自己是受到保護的。但是，你可能會甘於現狀，隨波逐流往容易的方向前進，或是停留在某個地方，逃避面對下一次挑戰的傾向。

此外，「母親」在你的世界觀之中並不侷限於真正的母親。包括公司或是兄弟、父親、戀人也都會扮演「母親」的角色。你本身也有可能被投射成為偉大的母親，認定你是絕對支持他的夥伴而受到信任。這就是，在衍生親密性的同時，或許也會出現過度依賴的狀況。這張卡牌出現的時候，你有必要意識到母親的兩面性。

4

皇帝

The Emperor

包括讓事物順利進行的執行力，洞察是非的決斷力，以及統御整個團隊的領導能力等，這個時機點，你會被要求展現出社會性「堅強」的一面。當然，不只是對他人，這時你也不得不對自己做出嚴格的要求，必須限制那個想要向某人撒嬌或依賴他人的自己，服從紀律和規定。因為這也是一張象徵父親的卡牌，注意與對應人物之間的互動關係會比較好。相反的，你自己也有可能以「父親」的角色君臨天下，並握有權力。

SYMBOLS of The Emperor

A 岩石山

顯示社會上的嚴酷現實。一眼看去那裡是不毛之地，並不存在代表「感情」的水源。因此可以解讀成不含個人情份，象徵得使用嚴肅的法律規範。

B 寶座

皇帝的寶座很大，並且以直線條構成。「有稜有角」，顯現出方正的形狀，象徵冷酷地處置事物的能量，秩序也由此而生。

C 牡羊

寶座扶手上雕刻著牡羊的頭，這在占星學上當然就是牡羊座的象徵。牡羊座代表著領導能力，而且支配牡羊座的星宿是火星，一般被認為是具有性衝動和男性的能量。

D 有柄的十字

皇帝手中的權杖，不用多說就是權力的象徵，其中以埃及有柄的十字最令人印象深刻。附在十字上方的安可是古埃及象形文字「生命」的象徵，展現蓬勃生機的存在。顯示皇帝行使他的權力時，應該完全以服務所有人的生命為考量。

STORY of The Emperor

為維持社會秩序的「父性」

權力的兩面性

緊接在「女皇」之後登場的卡牌是「皇帝」。如同在「女皇」這個項目中所做過的說明，包括最早期的原版維斯康堤塔羅版本在內，大多數的歐洲卡牌，不管是「女皇」還是「皇帝」都會看到老鷹的圖騰。在歐洲的圖像學中，老鷹圖騰就是皇帝威權的象徵。

順帶一提，緊跟在「皇帝」之後的第五號卡牌是「教皇」。從中世紀一直到文藝復興時期的歐洲，「皇帝」被認為是世俗世界中的最高權力者，而「教皇」則是精神世界中的最高權力者。傳統中，教皇身為「神的代理人」，雖然被授予了皇帝權這個權限，但在歷史上針對權力這個議題，也有皇帝企圖登上比教皇更高的位置，這被稱為「敘任權鬥爭」。

「皇帝」和「教皇」在歐洲世界分別是權力的兩面。

用來維持社會秩序的規範

在萊德韋特塔羅牌的版本中，「皇帝」的背景是岩石山，坐在描繪著牡羊圖騰的寶座上。可以看到他的手中握著有柄的十字架對吧？我們試著與「女皇」做比較，不難發現背景也有著非常明顯的對比。「女皇」以豐富水源的河川，以及富足豐饒的大自然景色作為背景。

現代的塔羅牌占卜師大都會把「女皇」認定成榮格心理學中的「母親」，看成是偉大的母親的顯現。那是擁有「豐富性」和「孕育」能力，與生俱來的生產能力。這麼說來，「皇帝」可說是對應「父親」形象的存在。如果母親的形象是

老鷹是傳統的皇帝威權象徵，現在美國的國徽也採用了老鷹圖騰。

緊緊擁抱在懷中、成長、慈悲的象徵，那麼「父親」就是給予秩序，嚴格地管理法律這樣的角色。擁有適用於嚴肅規範的權力，以及針對違反規定的人給予嚴厲懲罰的權限。此外，也表現出限制人類慾望並進行管理的力量。

榮格針對父親形象是這麼說的：「所謂的父親，就是精神的顯現，那是與純粹本能對立的東西。」

處於自然狀態下的人類，有時也會有順從慾望採取行動的時候。這麼一來絕對會發生暴力衝突和對立爭鬥。如果順著心中的慾望活下去是無法維持社會秩序的，人類必須透過倫理和自我約束讓社會得以順利運作，因此「皇帝」可說是代表著規範而成就的社會結構。

人類為了在社會中生存而衍生出的規範，上至司法下至簡單的招呼語等，內容包羅萬象。有忌諱的部分，也有推崇的部分，雖然正邪的基準會隨著時代和文化不同而有所改變，但是為了維持社會的運作，基本上必須遵守這些規範。如果不完全遵從的話結構就會產生變質，社會本身也會陷入動盪之中。「惡法也是法」的精神就是由此而來的。

男性原理與女性原理之間

在此我所想到的是，某個心理學家觀察孩子們遊戲時的小故事。有一次，小朋友們在進行棒球遊戲，這群孩子的年紀不同，其中有比較年長的大哥哥，也有年幼的小孩。

他們按照順序站上打擊區，但是年幼的孩子很快就被三振，很不甘心於是就哭了起來。這時，某位男孩子隨口說出「再讓他打一次吧！」這句話。因為年紀比較小，稍微讓他一點也沒關係吧。但就在此時，扮演隊長角色的孩子用毅然決然的語氣說：「不可以，規定就是規定。」

各位可以理解吧！在這裡進行的這段小小的對談之中，很明顯地看出塔羅牌中「女皇」原理和「皇帝」原理之間在態度上的明顯不同對吧！

「因為三振的是年紀還小的小孩，稍微禮讓他一點有什麼關係呢？這時候就應該溫柔地對待他才是，應該用慈愛來保護他。」這就是我們在前一張卡牌中所看到的「偉大的母親」，也就是母親的原理。相對的，「因為他已經進入棒球比賽這個社會之中，就不得不遵守為了公平享受比賽而訂立的規範。這就是社會！」這裡提到的就是「皇帝」卡牌所象徵的父親的原理。

針對這件事並沒有絕對的對和錯。我覺得目前為止的日本社會還是「母性」比較強烈，近年蔚為話題的「揣測」就是最佳代表吧！對於自己比較「親近」的人向他伸出援手也沒關係。比起抽象的原理，人們大多會優先考量情緒性的人際關係。但是，這麼做的反效果就是導致以「違反規定」做為擋箭牌而無法通融，對於稍微超出規範的人立刻開槍處置的狀況。

如果老是被僵硬的規定所束縛，這個社會和世界就不會有進步或產生任何變化。當然先例不是不能打破，但是如果沒有「皇帝」存在，就會產生混沌不明的狀況。也就是說，「皇帝」和「女皇」都是有必要存在的。

此外，別忘了處於臨界值的人是可以創造出嶄新未來的人。回想一下大部分的童話故事中「國王和王妃祈求可以授予他們一個孩子」的橋段。在男性原理與女性原理之間，「小孩」是必要存在的。

這麼說來，和「皇帝」配對的不見得只有「女皇」，出現跳脫社會框架的搗蛋鬼或是小孩（永遠的少年），甚至「愚者」的卡牌也是可預期的。在後面介紹的「隱者」也是依循這樣的社會規範而選擇隱遁，它也是與「皇帝」呈現良好對照關係的卡牌。

5

教皇

The Hierophant

如果有什麼事讓你一個人陷入煩惱，現在是試著找個值得信賴的人訴說煩惱的絕佳時機。此外，這張卡牌也代表著你會遇到你認為可以分享這個煩惱的前輩、老師、醫生或是心理諮商師等。這個人的存在肯定會成為你的心靈支柱。另一方面，重新檢視自己的「價值觀」，如果有必要的話，甚至必須打破過往的價值觀。自己真正想要的是什麼？為了達成目的必須付出何種努力，找個機會好好想想吧！

STMBOLS of The Hierophant

A 冠冕

由三層結構所組成的冠冕稱為三重冕，這是只有教皇才能戴的傳統「教宗冠冕」。由此可知，卡牌上戴著冠冕的人物就是在精神層面擁有最高地位的人。

B 三重十字權杖

權杖也和冠冕一樣有三層。「三」這個數字，在基督教中可以解釋為三位一體，也就是顯現父與子以及聖靈的意思。

C 祝福的手勢

「教皇」一邊比出祝福的手勢，一邊對著跪在跟前的兩位聖職者獻上祝福並開導他們。

D 兩根柱子

和「女祭司」的卡牌相同，兩側都立著柱子。在此，請各位注意面對著這兩根柱子的兩位聖職者身上所穿的衣服；一位身穿象徵熱情與生命的玫瑰，另一位則是代表純潔和死亡的百合。教皇站在他們的正中間，可以把他想成是教導兩個極端對立的人「中庸之道」這個道理的人物。

STORY of The Hierophant

「神聖之人」不等於基督教？

精神面的權力和世俗面的權力

傳統的「皇帝」擁有支配這個世界的權力。相對的，「教皇」則是支配精神世界的人，在將人類社會二分為「世俗」和「神聖」的西洋中世紀時期，他們分別成為站在各自世界頂端的人物。

如果將「教皇」和「皇帝」視為對立的，那麼「女祭司」和「教皇」之間也可以看出性別上的對稱性。由於塔羅牌本來是作為遊戲使用而製作的，必須注意不可過度以密教方面的意義進行解讀。然而，正因為是作為遊戲使用，反而可以投射出人們在無意識間想到的，存在於人類思考之中的二元性模式不是嗎？

水平軸上的是世俗面權力的「女皇」和「皇帝」，再加上垂直軸上擁有精神面權力的「女祭司」和「教皇」，這兩個對稱性形成了十字架。這是從男性的「魔術師」出發，做出男女形象的順序排列並進行變奏。作為遊戲卡牌使用的塔羅牌，最早應該不是因為這樣的思考缺陷進行設計的，但最後卻自然而然的衍生出這樣的構造。

我個人並不認為這是過去的賢者刻意將塔羅牌中的宇宙觀，以暗號方式做呈現。但是，當我們可以自由創造出任何東西時，或許我們無意識之間已經排序了存在於心底的形象。現代的人類學者可能會說，在塔羅牌之中也存在著樸實卻美麗的「野生思考」架構。

為什麼教皇不是 The Pope？

這張卡牌的名稱，在十七世紀、十八世紀的歐洲版本被稱為是 The Pope，但是受到二十世紀的萊德韋特塔羅牌的影響而變成了 The Hierophant。這個陌生的詞彙到底是什麼意思呢？

對神祕主義的歷史有詳細研究的人或許會知道，這個詞彙是使用在十九世紀末，在英國組成的「黃金黎明協會」等魔術結社中的階級名稱。塔羅牌正式採用這個名稱則是在十九世紀末「黃金黎明協會」之後的事。但是，這個詞彙本身有著更長遠的歷史。古代希臘有一個名為「厄琉息斯秘儀」吸收很多教友的祕密宗教。在這個充滿謎團的宗教裡的祭司，就有著同樣的名字。

此外，應該有人只要一聽到Hierophant，就會聯想到生於羅馬尼亞的宗教學家伊里亞德（Mircea Eliade）所提倡的hierophany，這個概念或是這個字吧！Hiero在希臘語中是表現「神聖之物」的詞彙。Hierophany通常被翻譯成「神聖之物顯現」，所謂的「神木」和「聖石」就是典型的例子。可以想成是神聖的力量透過「某種物體」顯現在現實世界中。加上有著「展現」之意的phany，我們可以歸納出Hierophant就是「展現神聖之物」的意思。

依據二十世紀的神祕主義的解釋，這張卡牌不侷限於傳統的基督教，而是更廣義的「神聖之物媒介者」的意思；最近流行的「靈歌」（Spiritual）也和它有關。

依據CNN的報導，近期在美國公開表示不接納特定宗教的階層也有增加的趨勢，但儘管如此，還是有很多人相信某種神聖力量的存在。「不隸屬於特定宗教團體或組織，相信神聖之物存在」這樣的解釋方式對日本人來說應該是比較容易理解的方式吧！不過，這時候使用的語言並不適用於「基督教的教皇」。應該說，不論任何宗教類型，使用 Hierophant 還是比較適當。

在這裡也試著探討另一個極端的「女祭司」；描繪出戴著頭紗的女性姿態，使用 High Priestess 加以表示。倘若 Hierophant 是「公開」的神聖之物的話，那麼「女祭司」的頭紗反而是「隱匿的」，可以解釋成某種密教。

透過現代的說法，「女祭司」是基於自己個人的價值觀，以及埋藏在心中的不對外公開的個人哲學，或是無法用言語解釋的靈魂悸動，那麼「教皇」則顯示了擁有公共性的精神層面價值。

療癒者和教師的原型

在塔羅牌占卜中，當這張卡牌出現的時候，常常會解釋為「有好的建議」。因為「教皇」的正式涵義也可以解釋為提供人生指南的人物。「教皇」這個原型的形象在現實世界中被投射到各種地方，處處都可以見到他的姿態。最典型的例子，僧侶和牧師等聖職者的形象最為符合，其他像是醫師或教師等人，對我們來說也和「教皇」的姿態重疊。老實說，即使不是宗教人士，也會同意醫師和教師的所作所為是「聖職」這樣的說法吧！此外，在這之中也包括所謂的占卜師和諮商師。

理所當然的，醫師也是活生生的人。但是，我們之中大部分的「患者」站在醫師面前都會格外緊張，期待醫師能夠立刻醫治好自己的疾病。回想在古代社會，醫治疾病是神官和神的代理人從事的工作。耶穌早期在歷史上作為「療癒之神」的性質相當強烈；在日本，像是「藥師如來」這類神明也是我們相當熟悉的，治療疾病這件事也是神的行為之一。我們當然知道醫學不是宗教而是一門科學，但是到了現在，我們還是會在心中暗自把醫師們認定成「教皇」，因此可以對初次見面的醫師產生信賴感，教師等職業或多或少也是類似的狀況。所以，醫師和教師等職業會因為微小的失誤或失敗，而招來高度失望和憤怒。

我們知道在榮格心理學中有「受傷的療癒者」（Wounded healers）這樣的概念。療癒者通常都存在著「師」這樣的稱呼，患者所受的傷或是有煩惱的事情，本來是單一存在於患者身上，卻在此時暫時分擔在「療癒者」和「患者」身上。醫師將自己本身的傷痛投射在對方身上，讓對方產生共鳴。另一方面，患者則是將內在的療癒能力投射在對方身上，選擇相信對方，在這樣的契機之下，治療過程得以順利展開。然而治療剛開始的時候效果很好，但是如果原型維持這樣分裂的狀態，患者將永遠都是患者，療癒者則必須永遠在患者面前扮演那個萬能的神，身分不對等，治療就會難以完成。這時真正必要的，應該是改變價值觀，讓內在那個虛弱的「教皇」覺醒才是。

6

戀人

The Lovers

無法克制的內心悸動，似乎有即將遇見「什麼」的預感。一如這張卡牌的名字，可能是渴望傾注愛情的人，也可能是足以作為自己人生契機那樣的工作或是生活方式。透過這些機緣，你本身會產生很大的變化。平常採取合理性思考方式的人，也會注意到自己在感情面產生很大的動盪而感到困惑。現在是不問損益的時候，是隨著心之所嚮，朝快樂的方向採取行動的「快樂」時期。

SYMBOLS of The Lovers

A 天使

在萊德韋特塔羅牌版本中，這個大天使指的就是撫慰人心的天使拉斐爾。緩和愛與瘋狂，撫慰大家的心。

B 蛇

蛇是知識的象徵。在聖經中，世界上第一位女性夏娃就是被蛇唆使而吃下了智慧的果實。牠除了是誘惑，同時也刺激了「想知道」這樣的好奇心和求知欲望。

C 生命之樹與知識之樹

卡牌上描繪著兩棵樹；位在男性那一端的是有著像火焰般葉片的生命之樹，在女性這端有一尾蛇盤踞在樹上的則是禁忌的知識之樹。為什麼會演變成這樣的配置，希望各位讀者從男性與女性的視線中找答案。

D 視線

依據美國著名的塔羅牌學者艾登．格雷（Eden Gray）的意見，男性看著女性，而女性則是抬頭仰望天使，這是從低意識（男性）邁向高層次意識（女性），並更進一步邁向超越意識（天使）的表現。這就是表現出「情慾」的構圖，情慾本來就是對於比自己更高層次的事物產生憧憬。

STORY of The Lovers

推動人類的邱比特之箭

「戀人」描繪的不是兩個人，而是三個人？

塔羅牌占卜中永遠的課題就是戀愛占卜。在手機和網路占卜企劃單元中，「那個人的心中是否有我？」這樣的內容有著不可動搖的支持度，在進行這樣的占卜時出現這張卡牌的話，相信客戶應該會高興得跳起來吧！因為在萊德韋特塔羅牌版本中，這是描繪著純真的戀人們接受天使祝福的模樣。只要不是極端執拗的人，應該所有人都可以從這張卡牌中，讀取到幸福的愛情得以實現的意思吧？

但是，這張充滿著喜悅形象的萊德韋特塔羅牌構圖，最早出現在一九一〇年，已經是一百多年前的事情了。在那之前，這張卡牌以稍微不同於現在的構圖，維持了很長一段時間。在傳統歐洲的馬賽塔羅牌版本中，少年愛神邱比特的下方，描繪的人物不是兩個人，而是三個人。在中央的看起來像是一位男性，他的身旁有兩位女性。如果要在這裡加上「戀人」或是「愛情」這樣的標題，不就成了三角關係嗎？這在戀愛占卜中，會是放手不管也不會感到開心的卡牌。而且，如果再去看更早期十五世紀的卡牌（原版維斯康堤塔羅牌等版本），上面畫著的是結婚典禮的模樣，透過卡牌強調結婚的形象。

這究竟是怎麼一回事呢？使用馬賽塔羅牌的時候，解釋為錯綜複雜的戀愛關係，但如果使用萊德韋特塔羅牌的版本時，只要把它想成純粹的戀愛成果就可以了。還是說，其中有著一貫的流程嗎？

雖然我已經敘述過很多次，從在現代的實證研究中得知，塔羅牌並不是為了占卜或進行神祕學研究而進行製作的，它發明時最早只是做為遊戲使用，這一點在研究者之間已經達成共識。但是反過來說，在這樣的圖像之中，透過創造且刻意進行「錯誤解讀」和「深究其義」之後，應該也會被允許踏進人類的深層意識之中。

傳統的馬賽塔羅牌版本，順帶一提，在十八世紀尾聲之後的塔羅牌，也就是立足於埃及起源說的「埃及風」版本，卡牌上出現了三位人物。這張卡牌的意思被解讀為「選擇」，一位男性必須從兩名女性之中選出一位。有趣的是，在其他版本中也可以看到女性挑選男性的狀況。從這一點也可以看出領先時代的部分。

「戀人」和「惡魔」

戀愛這件事是很不可思議的。一個獨立的個體，不管是在有意識還是無意識之下，從茫茫人海之中挑選出那個無可取代的人。

在現代科學中，這段選擇的過程被歸因於費洛蒙作祟，為了在演化生物學中留下有利的子孫，這是基於人類本能的程式運作而有的產物。但自古以來，人們都將這個結果歸因於邱比特的箭這個形象之上。

雖然愛情是自己決定的，但自己卻受到無可救藥的衝動驅使而迅速進展。正因為如此，才會掀起各式各樣的悲喜劇。

把過往曾經將受到春藥影響的酩酊狀態，當成「羅曼史」的文學傳統，這簡直就是「戀人」這張卡牌上描繪的握著愛情火焰之箭的邱比特。也就是說，這就是成為「選擇戀人」的能力的意思吧！

被愛情的箭射中的人，就會像在萊德韋特塔羅牌上看到的那樣進入愛的園地。這張描繪著一絲不掛的情侶的卡牌，常常被解釋為墮落之前的亞當和夏娃，也就是說，不在意旁人眼光盡情歌頌著愛情的力量。如果硬要說這張卡牌有著一貫的形象，那就是從超越自我之處催使下，產生了命運般的愛戀與愛情吧！

另一方面，愛情也帶有消極的一面。我認為韋特充分理解那種愛情中否定的一面。常常有人這麼說，其實萊德韋特塔羅牌的「戀人」下面放著傳統的「惡魔」卡牌。「惡魔」這張卡牌中，在大惡魔跟前的兩位（或者應該說兩隻）男女小惡魔被鎖鏈綁住，這個構圖在畫面上方有大天使，下方則畫著赤裸的男女，和萊德韋特塔羅牌系統的「戀人」極為相似。愛情這個甜蜜的瘋狂，或許也可說是與惡魔的力量呈現出對應的鏡像關係。

「惡魔」出現的數字15，以數秘術進行分解之後相加，1＋5＝6，也就是「戀人」的號碼。在日本大力推廣塔羅牌使其普及的辛島宜夫也曾經這麼說過。或許只是單純地想太多了，不過像這樣讓想像力自由飛翔，也是檢視塔羅牌時的樂趣之一。

究竟是談戀愛，還是墜入愛河？

人生是一連串的選擇。每天，我們重複進行選擇，這件事是無庸置疑的。但是當我們探究這個選擇的過程是怎麼進行的時候，出乎意料之外，我注意到這是一件相當不可思議的事情。

戀愛也是如此，每天進行選擇時的理由，絕大多數都沒有合理根據不是吧？就算自己認為是在合理的前提下採取行動，冷靜下來重新檢視時，會發現事後再追加各種理由的狀況其實非常多（實際上腦科學實驗也證實的這件事）。

用容易理解的方式比喻，常常會舉口渴的驢子這個思考的實驗故事。在某個地方有一頭口渴的驢子，在牠的附近放著兩個裝了水的桶子。這兩個桶子分別放置在以驢子為中心的對稱角度且同等距離的位置上，裡面裝了同樣分量的水。這頭驢子的腦袋擁有極為合理的邏輯思考，為了做出最正確的決定並採取合理的行動，牠在腦中展開運算。究竟驢子會怎麼做呢？如果硬要決定如何在最短距離內獲得最多水量的話，因為處在同樣條件下所以無從進行選擇，於是驢子無法踏出下一步，最後只好渴死在原地！這是一則黑色幽默。

當然這是相當極端的論述，相反的，當條件過於複雜的時候，本來就無法做出合理的選擇。儘管如此我們還是做出某種程度的決斷，這可以說是因為天使的箭在背後推動著我們不是嗎？儘管那是不合理且有些瘋狂的事。

所以「戀人」的卡牌會引導著你，要你展現直覺和衝動的力量來做決定。

7

戰車

The Chariot

當這張卡牌出現的時候，你可以稍微放心了！你確實掌握住自己和未來的人生之舵，可以朝著你所設定的目標邁進。強烈的意志力作為動力來源，可以跨過艱難的考驗。周遭也不會有受到他人言語和輿論壓力等不負責任的影響。儘管你有想要做的事，卻仍然躊躇不前的話，現在請立刻試著邁出腳步執行吧！另一方面，對於目前為止想做的事都已經確實執行的人來說，首先會先收到實際的成果。

SYMBOLS of The Chariot

A 星星帽子

星星是崇高的理想，或是表現出自己不會迷失在訂立的目標上。

B 華蓋

描繪著星星的華蓋，看起來宛如宇宙的象徵。很多現代人迷失了自己的宇宙，也就是自己的世界觀，但這位戰車上的王子確實掌握住了自己的世界。

C 兩頭人面獅身像

象徵著陰與陽，並且確實掌握住兩者之間的平衡。人面獅身像象徵「人生之謎」。如果你深入探討人生的話，會發現善與惡兩者必須同時接受才行。

D 肩上的月亮

月亮也象徵著兩面性，分別是上弦月和下弦月。請大家注意表情的不同，兩者都有著人類的臉，其中一個看起來在微笑，另一個則是愁眉苦臉，這裡也可以感受到兩面性的象徵意義。

STORY of The Chariot

循著中庸之道步上正軌

戰車是作為遊行使用的花車

「戰車」這張卡牌對我來說是一張充滿回憶的卡牌。我第一次購買正式的塔羅牌是辛島宜夫先生的《簡易塔羅牌．戀愛十字架占卜》（一九七九年，二見書房發行）這本書的套組版本。這是一本78張全彩印刷的塔羅牌和解說書的套裝產品，內容相當精美豪華，首刷是在一九七九年。當時才11歲的我，對這些美麗又充滿神祕感的圖像愛不釋手。

當我試著抽出第一張卡牌時，出現的就是「戰車」。剛開始，我看到這張卡牌時感到相當厭惡。因為我認為「戰車」這個字代表的意思就是戰亂和爭鬥。但是閱讀解說內容後，得知它代表著勝利和成功等積極的意思，讓還是孩子的我感到相當疑惑。塔羅牌有著一般人無法立刻理解的深層意涵，於是我一心想著，一定要努力研究它才行。

其實，這只是單純的誤解。

「戰車」chariot，不是指戰爭時使用的戰鬥車輛。不管是在原版維斯康堤塔羅系統、馬賽塔羅牌或是萊德韋特塔羅牌，卡牌上描繪的都不是裝甲車，而是宛如加裝了車輪的華蓋床一般，不適合用來戰鬥的交通工具。原版維斯康堤塔羅版本上的戰車，畫的是宛如貴族女性一般的人。依據大多數研究學者們的意見，這是節慶時用來進行遊行的花車。在誕生塔羅牌的文藝復興時期義大利，貴族們仿效古羅馬時期的貴族慶祝戰爭勝利，或是為了誇示自身的權力而舉辦的遊行花車。在我最早購買的日本製塔羅牌中，「戰車」上乘坐著的是一位全身被鎧甲包覆的人物。我想，這是作者接收到「戰車」這個字的意思而進行解釋後的內容吧！

這個凱旋的傳統也在文字中表現出來，被稱為最早的人文主義者彼得拉克的諷刺敘事詩「凱旋」（trionfi）就是典型的代表。**Trionfi** 這個字和英文的勝利

（Triumph）有關，也成為撲克牌中的王牌這個字。呈現在「凱旋」中，就是將愛與死、永遠、名聲等抽象概念加以擬人化和寓意化，乘著花車進行遊行。順帶一提的是，其實塔羅（Tarot）這個字的詞源至今尚未明朗，但王牌這個字與trionfi這個詞之間的關係，卻有著很有力的說法。

格特魯得．莫克利這位研究者更進一步指出，塔羅牌圖像卡牌的插圖也和「凱旋」的遊行活動一樣，有著一套發展歷程的說法，這是進入二十世紀後塔羅牌研究的一大轉折點，在此補充說明。（不過，現在這個說法已經無法接受。彼得拉克的「凱旋」和塔羅牌共通的插圖相當多，兩者之間並非毫無關聯。但是，因為這樣就想要探究塔羅牌的所有形象起源是不可能的。應該說，塔羅牌和「凱旋」是將抽象概念以寓意像方式加以圖像化的「文藝復興的傳統」，把他們想成源自於同一流域的兩股潮流比較正確吧！）

與柏拉圖描繪的兩面性類似

讓我們來看看萊德韋特塔羅牌版本的「戰車」。被四根柱子包圍，年輕的國王乘坐在有華蓋的「戰車」上。「戰車」的基本結構是牢固的立方體，仔細觀察可以看到下方的車輪，有著牽引著戰車的兩頭人面獅身像，一頭是白色的，另一頭是黑色的。這個人面獅身像源自於活躍於十九世紀的「近代魔術之父」李維在他的著作中所描繪的戰車圖案，馬賽塔羅牌版本中描繪的則是兩匹馬的馬車。

熟悉西洋傳統的人應該會從「雙頭馬車」這個形象立刻聯想到柏拉圖吧！將人類的靈魂比喻成兩匹馬的馬車，這是很有名的一段話，從〈費德羅篇〉引用以下相關內容。

……於是，我想起了類似靈魂的形體，那是長著翅膀的一組馬，搭配拉著韁繩擁有翅膀的駕馭者，他們集結彼此的力量共同工作。（中略）……就我們人類的而言，首先，駕馭者的韁繩拉著的是兩匹馬，而且其中一匹馬不論資質或血統都是美麗的好馬，但是另一匹不論資質或血統都呈現完全相反的狀態。基於這些理由，我

們人類擔任駕馭者這項工作真的很困難，不得不讓自己成為麻煩的人物。（柏拉圖全集5，藤澤令夫譯／二〇〇五年，岩波書店發行）

當然，這並不是「戰車」的形象起源。但是，兩者的主題是共通的，在我們的心中，人類逐漸被撕裂成「黑的方向」和「白的方向」，存在著企圖取得平衡再採取行動的生物原型，這形象自然而然地浮出檯面不是嗎？

更進一步說，相當於「戰車」底座的部位，畫著像陀螺的東西。雖然有一種說法指出那是印度的性器象徵（男性與女性的性器），但我個人倒是覺得那個看起來像是陀螺，一邊旋轉一邊取得平衡維持站立，表現出人生應有的模樣。

另外，它看起來也像是編織出命運之線的宇宙紡錘，也有一說是像紡織車。還有，我們可以看到華蓋上的星星圖案，駕馭戰車的王子頭上的皇冠也有星星，這個應該就是面對崇高的理想付出行動的意思吧！

選擇勝利與正軌的自信

這張卡牌展現的不是戰亂或戰鬥。應該說，這台車的行進路線已經決定，人們在你前往的地點等著為你獻上喝采。這張卡牌並不是指戰鬥，而是做出正確選擇後的自信，以及朝著正道邁進的感覺。用英語來表達的話，就是搭上了 Right Track 的車前進的意思吧！

儘管如此，搭乘時別忘了必須巧妙地操控「兩匹馬」維持絕妙的平衡狀態。取得心與智，強與弱，義理與人情等平衡狀態是必要的。

8 力量 *Strength*

它傳達給我們什麼是真正的堅強，並暗示你追求一股力量的一張卡牌。壓抑憤怒或衝動等足以壓制他人的「力量」，擁有接納對方的堅強意志，不屈服於困難的堅強意志等，這些都必須發揮外表看不出來的「力量」。我希望各位讀者想像的是，外表看起來沉穩又溫柔，但內心堅強且精神面穩定的人物。和這樣的人交流，你們之間的關係也會衍生出新的可能性，說不定這是你本身就可能變成這種人的預兆。

STMBOLS of Strength

A 頭頂上無限大的符號

女性的頭頂上有著一個代表「無限大」的數學符號雙紐線，但是實際上這個符號在塔羅牌誕生的時候並不存在。描繪這個符號在「力量」這張卡牌上，是近代之後的事，換句話說就是牽強附會。但是也因為這樣的牽強，才能給予我們豐富的想像空間。

B 獅子

萬獸之王獅子，展現出自信與驕傲，並呈現牠內在的生命力。

C 花圈之鎖

束縛獅子的是美麗又惹人憐愛的花圈，如果真的想逃脫的話，其實很簡單就可以掙脫。但是獅子並沒有展現出想逃走的模樣，這是獅子本身希望服從她的表現，可以解釋成受支配反而感到開心吧！請試著跟同樣受到「枷鎖」支配的「惡魔」卡牌比較看看。

D 女性

這不是暴力的壓制「力量」，而是打從心中對著對方的心訴說，表現出精神面的「力量」。請各位讀者想像一下「北風與太陽」中的太陽。

STORY of Strength

存在於自己體內的「獸性」

「力量」與「正義」的順序

在這裡介紹的卡牌是「力量」。沒錯，就是「力量」，其實在「戰車」之後我到底該介紹那一張卡牌，這件事讓我迷惘了許久。因為版本的不同，「戰車」之後接續的卡牌有「正義」和「力量」兩種。

「力量」還是「正義」呢？宛如函授課程一般的標題，一直以來許多人向我詢問這件事。「我手上的卡牌『力量』排在第11號，和解說書不同。到底哪個是正確的？」或是「為什麼會有兩種不同的順序呢？」

為什麼會分成兩種流派，在此向各位說明。事實上，在現存最古老的版本中，卡牌並沒有標示號碼。老實說，我並不知道實際的順序。但是，請各位回想一下塔羅牌本來是遊戲卡牌這件事。在遊戲中，每一張卡牌被賦予的數字和順序是非常重要的，透過數字訂定的「強度」左右著遊戲的勝負。或許過往的人們刻意不在卡牌上標記數字，但其實是因為已經記得順序了吧！（顯示塔羅牌「本來的」順序，這類資料極為稀少，只有在十五世紀殘留下來類似塔羅牌的吟唱詩中有相關的提示。）

十八世紀以後，在歐洲大陸流通的馬賽塔羅牌版本中，標示為8號的卡牌是「正義」。對這個順序大膽地進行改革的是十九世紀末英國的魔術結社「黃金黎明協會」。「黃金黎明協會」為了建構魔術哲學，使用了猶太教神祕主義中「卡巴拉宇宙圖」中的生命樹。當然，也將塔羅牌納入組合之中。

他們將塔羅牌的大阿爾克那，連結在構成生命樹的二十二條路徑上。但是，這時問題發生了。二十二條路徑中，比塔羅牌出現的時間更早，位居西洋中樞代表體系的占星術已經分配好位置。如果兩者按照順序進行排列，「獅子座」對應到「正義」，「天秤座」則會對應到「力量」。這麼一來出現獅子的「力量」不在獅子座，擁有天秤的「正義」也不會對應到天秤座，怎麼想都很不自然。因此，「黃金黎明協會」便大膽地將「正義」和「力量」這兩張卡牌的位置對調。亞瑟・愛德華・韋特有一段時間擔任「黃金黎明協會」的領導人，他熟知這項教義，所以他便把自己版本的塔羅牌第8號卡牌安排為「力量」。

基於以上緣由，傳統的馬賽塔羅牌第8號牌是「正義」，而萊德韋特塔羅牌的第8張卡牌則是「力量」，分成這兩種流派。如同前面所敘述，這個順序令人產生混淆的是，究竟是力量還是正義這個命題。我覺得這也會涉及到何謂力量？何謂正義？這樣的問題。

殘暴的獅子所代表的「力量」為何？

塔羅牌中將「正義」和「節制」這些傳統美德擬人化，並且以寓意畫的方式呈現的比例相當高，「力量」就是最具代表性卡牌。在傳統的塔羅牌中，有出現過女性馴服凶暴的獅子這樣的圖畫。不過，在傳統的寓意之中，展現「力量」的則是身上披著獅子皮毛的女性，或是站在柱子旁邊的女性，而不是以馴服獅子的姿態呈現。

塔羅牌中「力量」的寓意畫其實擁有其非常強烈的獨特性。

那麼，這樣的構圖究竟是從何而來呢？其中一種說法是描繪在聖經中出現的英雄參孫。參孫是個擁有超凡力量的人，而這股力量來源的祕密就在於頭髮。因此過去的繪畫中大多將參孫畫成長髮的男性，但是後世的畫師們因為那頭長髮而將參孫誤認為女性，才會產生這般女子與獅子的構圖吧！

此外，關於傳說生物獨角獸的故事，也存在著唯有嬌弱的處女才能馴服狂暴的野獸並使其順從這樣的傳統。像這樣將形象相互重疊，就成了塔羅牌中的「力量」不是嗎？

我認為獅子象徵著人類心中隱藏的獸性的那一面，但是對於生存在文明社會之中的我們來說，一般會想到的應該就是單純的惡吧？也就是人類的慾望，甚至就是生命力本身。但是，不要將它單純地視為惡，反而有必要去接納它、包容它。人類真正的「力量」就是在這種狀況下衍生出來的不是嗎？

內在力量的釋放

我們再次將想像範圍擴大看看。這頭「獅子」究竟是什麼？獅子就是「怪獸」，雖然牠是粗暴的野獸，但另一方面，牠也是萬獸之王，同時也是皇室的象徵。在占星術的世界中，理所當然獅子象徵著獅子座，它的支配星是太陽。而在煉金術的世界中，獅子也象徵著煉金術的最終目標，取得黃金。以心理學的角度來說，這並不單純是粗暴的「蠻力」，也可以解釋、象徵為「真正的自己」，廣義的泛指「自己」的意思。

但是，在這個社會上我們被要求要「懂得看臉色」，想要展現出真正的自己是一件相當困難的事情。自己維持原本應有的一面是需要「勇氣」（「力量」）的。儘管如此，如果像十幾歲的叛逆期一樣，單純地對抗世界的話，應該無法實現真正的自我吧！

所謂的自己，也包含了自己不認同的那一面，這是「整體性」的存在，而這部分有時候看起來就像是一頭恐怖的野獸一般。或者，也可以感覺到無法在社會中生存的東西。但是，如果可以接受這些蘊藏在自己體內的可能性，並且比照這張卡牌獻上祝福的花圈，應該可以展開更富足的人生展望才是。

當這張卡牌出現的時候，不僅是自己，你也必須接受其他人對你的憤怒，以及接受你無法掌控的那一面，或許你也可以試著用懷柔政策馴服對方。

看到這張卡牌之後，我的腦中出現了「北風與太陽」的故事，以及「以柔克剛」這句話。

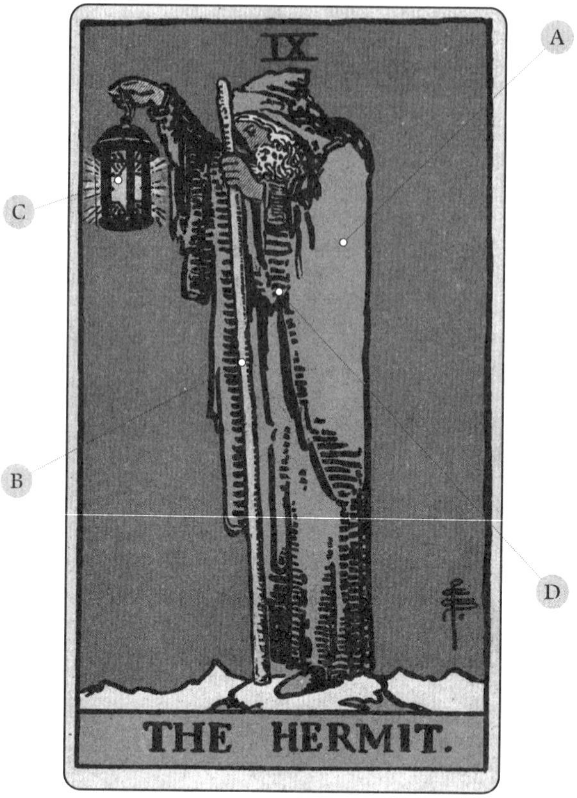

9 隱者 *The Hermit*

當你抽到這張卡牌的時候，你需要的是「孤獨」。最近，你應該正在獨自反覆思考某件事吧？不受其他人的意見所影響，看見了自己真正應該走的那條路對吧？為了可以更上一層樓，你必須仔細思考通往成功的路該怎麼走，這是需要助跑時間的。儘管外表看起來處於停滯的狀態，但是身體裡確實地累積能量。相反的，對於一直以來固執己見的人來說，這也是讓心恢復彈性的心的大好時機點。

SYMBOLS of The Hermit

A 斗篷

斗篷本來就是使用大塊的布料，將自己的身體包裹起來，為了包護身體或是隱藏什麼而穿的外衣。「隱者」的斗篷保護自己遠離一般的常識和想法，發揮了隔絕與防護罩這樣的功能。

B 拐杖

這項工具展現出強韌的意志力和忍耐力。舉步維艱的時候撐著枴杖繼續前進，這種精神是突破困難所不可或缺的。

C 提燈

提燈的光是「意識」和「知性」的展現。老人絕對不會在黑暗中盲目地採取行動，他仰賴手中這束光線照亮這條孤高的道路，思索著自己的煩惱，持續朝著前方邁進。

D 老人

這是榮格心理學中的原型之一，讓我聯想到了 senex「老智者」。如果老智者往好的方向發展，可以發揮老人家沉著和思慮縝密的一面。但是如果往壞的方向發展時，不容許自己設下的框架遭到瓦解，這種固執的一面就會相當明顯。

STORY of The Hermit

老人是「智者」還是固執的高齡者？

孤單恐懼症？

在連綿不絕的荒涼山脈之中，身上披著斗篷的老人獨自一人站在那裡。可以看到他的手上拿著拐杖，而且提著一盞燈。提燈的火焰顯現出陰與陽相互結合的六芒星（兩個三角形重疊組成）形狀。這不正是象徵著孤高的智者，或是追求真理者的意思嗎？

不知道各位讀者看到這張卡牌時有著什麼樣的感覺。各位可以從「隱者」Hermit 這個詞彙做出什麼樣的想像呢？不給其他人添麻煩，自由地朝著自己的道路前進的人？還是一個人孤單地過著寂寞的人生？你將這張卡牌解讀成正向的涵義或是負面的涵義，可以得知你目前的心理狀態。

現代社會或許已經罹患了「孤獨恐懼症」。當我看到這張卡牌時，想到的是學生時代獨自一人前往東京時的回憶，雖然講這段話會透漏我自己的年紀。記得當時還是沒有手機和網路的時代，只有附答錄機功能的電話機而已。

我認為不需要電視，但是家人覺得「沒有電視會感覺寂寞」所以寄了一台電視給我。因為我一個人生活，理所當然看電視的時間就變長了，打電話的時間應該也相對變久了。明明應該是「一個人生活」，事實上卻製造出完全不是「一個人」的狀況。

現在，這樣的狀況更加速發展了。生活在現代社會中，外出時不使用網路也不使用行動電話，應該需要相當的勇氣吧！

無法獨自一人的時代的「隱者」

某位知名學者的老師，以及某位作家的老師是不使用手機的，但是如果我們也效法他們的話，可能會被工作上相關人等罵個半死。我喜歡在推特上面發表意見，也很期待看到大家對於我的意見提供的反饋訊息。

以前，曾經發生在我前往英國那段時間聯絡中斷的狀況，現在多虧有了 Wi-Fi，使用行動電話時也可以方便的上網。再加上使用 LINE 或 Skype 的話，幾乎完全不用擔心通話費的問題。

是的，我們已經被「連結」在一起了。在這樣的時代中「隱者」這張卡牌所要傳達的意義究竟是什麼呢？泛濫的訊息和聲音交織在你我的空間，當我們對這些訊息產生反應的時候，或許不會感覺到無聊，也不必真正地面對自己。

但是，過去的「隱者」們卻刻意選擇出家，離鄉背井前往遠離人群的沙漠或是深山頂峰，為的就是貼近自己或貼近神。

他們真的是「孤獨」的嗎？如果按照字面意義解讀孤獨這兩個字的話，或許是這樣沒有錯。但是，如果透過這樣的行動真的可以遇見真實的自己或是和神邂逅的話，與生活在煩囂塵世之中卻顯得孤獨的大多數現代人相比，反而可以說他們一點都不孤獨吧！

處在這種被強迫串連在一起的社會中，或許有時必須透過強烈的意志力，才能短時間內刻意切斷與外界的各種連結。出現這張卡牌的時候，下定決心休個假，整整一天或是好幾天都可以，試著將各式各樣與世界連結的頻道關閉看看如何呢？

不是「隱者」而是「時間」的卡牌！

其實，在現存最古老的原版維斯康堤塔羅牌的設計是找不到「隱者」這張卡牌的。但是，卻有一張同樣構圖的卡牌，那張卡牌的名稱是「時間」。老人撐著拐杖獨自一人散步的模樣，與「隱者」沒有太大的差異。

但是，仔細觀察可以發現其中有一個很大的不同點。這位人物手上所拿著的東西是沙漏。以圖像學觀點來看這張插圖，將時間擬人化並且寓意化，它被稱為「時間老翁」，在歐洲經常出現這張插圖。

或許是對這個沙漏做了錯誤的解讀，後人將它畫成現在「隱者」卡牌上出現的燈籠，歷史上應該是發生了這樣的錯誤吧？這個形象也被稱為senex「老人」。以正

隱者在古代是以時間老翁的形象呈現，具有將時間和年老具體擬人化的寓意存在。

向意義解釋的話是累積了豐富經驗值的智者，如果以負面思考的話，也會成為排除嶄新可能性的恐怖存在。

如果出現這張卡牌，你有必要試著思考現在自己的周遭是屬於哪一種面向。時間公平地賦予給所有人，剛開始如「愚者」般的年輕人有一天也會變成老人，「變老」這件事有著什麼樣的含意呢？

據說上了年紀的人都會逐漸變得「圓滑」，但是，實際上卻很難達到這個理想狀態。變老之後性格會比較難以溝通，漸漸難以接受嶄新的事物。和身體狀況一樣，心思也會變得僵硬。這麼一來，人就會變得「孤獨」，不想要變老。所以人們才會在追求不死的同時，也期盼自己「不要變老」。

對「老人」的定義大膽提出反論的是榮格學派的心理學家，已故的詹姆斯・希爾曼。

在我的譯作《透過變老得知的性格力量》（詹姆斯．希爾曼著，鏡龍司譯／二〇〇〇年，河出書房新社出版）中，她解釋了老人原型的意義。依據希爾曼的說法，年老不是指人變得圓滑，反而是強調原本擁有的性格，更加展現出本人擁有的靈魂。

或許「隱者」指的就是在回歸到獨自一人之後，那個不受世俗常規束縛，赤裸裸的靈魂吧！

10 命運之輪 Wheel of Fortune

在自己無從得知的地方，事物發生了變動以及產生流動變化等預兆。在重大變化之前一定會發生一些微小的變化，讀懂這些訊息是很重要的。儘管那是意外的前兆也沒關係，千萬不要感到焦慮，只要淡然處之就可以了。襲來的如果是一股很大的幸運浪潮，不要懷疑立刻登上這波浪潮吧！躊躇不前會錯過這個大好機會。也可能會發生連你自己都意想不到，讓感情和價值觀產生變化的事情。

SYMBOLS of Wheel Fortune

A 四個角落的動物和書籍

如果是熟捻聖經的讀者，應該知道這個圖像是舊約聖經〈以西結書〉中登場的四個神聖生物。他們手上的書籍就是聖經的福音書。

B 外圓上描繪的 TARO

可以解讀成塔羅牌符號，代表旋轉之意的輪盤，或是象徵律法的妥拉。至於在 TARO 之間書寫的文字是希伯來字母的 yod、he、vau、he。這被稱為雅威，是聖經中唯一無法發音的神的名字，在卡巴拉之中則被視為最神聖的東西。

C 内圓的記號

都是煉金術記號，十二點鐘位置是水銀，三點鐘位置是硫磺，六點鐘位置是水，九點鐘位置是鹽，這些是構成這個世界的所有重要要素。

D 輪子

只要沒有受到反動力的影響，理論上這是可以永久轉動的輪子，它代表了光與影，生命與死亡等永遠持續進行的運動。此外，也是單純交織出命運的輪子。

STORY of Wheel of Fortune

順從「命運之輪」還是正面迎擊？

命運是不可違逆的？

這張卡牌恰巧位在大阿爾克那的中間地帶（21張卡牌加上「愚者」的話，恰巧是正中央的折返點），應該完全是偶然的。但是，我認為早期用於博奕，日後演變為占卜相關使用的塔羅牌，這張卡牌處在「中心」位置這件事本身就是某種「命運的偶然」。

難道不是這樣嗎？博奕就是受到運氣左右，而占卜本來是解讀命運的技術。如果是喜愛神祕學和密教的人，應該可以從這裡發展出各式各樣的解讀方式吧！

可是，「命運之輪」原始的形象就是刻意不使用複雜的圖像，它的基礎思想是「歷經滄桑的命運」或是「受到輪子束縛，不管你多麼努力都無法改變的人生」等，將旋轉的輪子與命運的形象結合在一起。

它的起源遠比塔羅牌更加久遠。出現「命運之輪」這個圖像必須追溯到羅馬時代。最有名的是羅馬時代的哲學家波愛修斯的著作《哲學的慰藉》（波愛修斯，一九三八年，岩波書店發行）中出現了這張插圖。波愛修斯在他的著作中是這麼說的：你將身體的支配權託付給幸運女神。你必須遵從她（幸運、命運女神）的習性，但是你卻企圖阻止持續旋轉的輪子前進。

也就是說，人類絕對沒有辦法違抗命運的力量，接受它才是生存之道。默默地接受命運的安排，身處其中維持心靈的平穩是很重要的。

十三世紀已經可以看到旋轉輪子的命運女神的圖像，十五世紀的原版維斯康堤塔羅牌中，這個圖像被具體呈現出來。搭乘命運的輪子，四位人物正在升降。仔細一看，上面描繪的人物都附加了拉丁文的標語。分別是「由我進行支配吧？」、「我進行支配」、「曾經由我支配」、「我沒有支配權」等，透過四個時態呈現出人生的盛衰榮枯。

何謂三人一組的命運女神？

羅馬時代的信仰中，命運女神福爾圖娜是一位非常任性的神，據說人們一生都受到她強大的支配。

但是，命運支配者的存在，其實可以回溯到古希臘時期的大女神，也就是名為「摩伊賴」三人一組的女神。摩伊賴同時也是最古老的神，祂們編織著命運的絲線。其中一位紡紗，一位進行量測，最後一位則負責切斷。祂們透過這樣的方式決定人類生命的長短。此外，用來紡紗的輪子也被解讀成誕生出這個宇宙間所有因緣的網絡。

摩伊賴的力量極大，只要是摩伊賴的決定，就算是眾神之王宙斯都無法輕易改變。與其被稱為命運，更可說是壓倒性的宇宙法則，日後當這個故事傳入基督教世界時，被解釋為神明的「攝理」。

下頁的插圖與占星術的形象互相吻合。持續不斷有規則地旋轉的命運之輪，可以解讀成冷酷的行星運行。

但是，羅馬時代的福爾圖娜（命運女神）則更不可靠，而且還被解釋為「幸運」的意思，沒有絕對的法則，任性地左右著人生中的幸運和不幸，因此又被解釋為偶然性的。

波愛修斯的著作《哲學的慰藉》將它解釋為，只能當成人生的風，心甘情願接

以各種形式描繪的命運女神

受它。但是，在「人類時代」的文藝復興時期，這個命運女神的力量竟然更加被矮小化。

馬基雅弗利的命運觀

出乎意料的，文藝復興時期的政治思想家馬基雅弗利針對命運發表了他的看法。在他的著作《君主論》中就提到「因為命運就是一種宛如女性一般的東西，如果是強悍的男性，就必須教訓這位女神，讓祂聽話。」這段充滿暴力的發言。

希臘神話中登場的命運三女神，交織著命運的絲線

當然，即使是馬基雅弗利，也沒有說出能夠完全抵禦命運之力擺布的發言。但是，勇敢面對人生的人，或是做足準備要迎接命運風向變化的人，某種程度也可以說是能夠控制命運的人。

以這個角度來看，或許每位讀者都可以對這個「命運之輪」提出各種很大不同的解釋。

11

正義

Justice

這張卡牌告訴你，現在就是做出某種決斷的時機點。不受他人意見的影響，你必須做出公正且客觀的答覆。然後，堅信自己是「正確的」並且付諸行動。如果心中產生迷惘，可以遵循規則或法律等一般規定，或是聽取任職於這些規則機構的人的建議。無論如何，避免情緒性的批判他人，或是堅持自己是正確的，建議不要採取這些偏頗的行為會比較好。

SYMBOLS of Justice

A 寶劍與天秤

寶劍是力量與懲罰的象徵，而天秤則是公平的象徵。這兩個能力無論是在國家的運作，或是自己的人生導航，都是不可或缺的東西。在古埃及也有同樣的形象存在，依據埃及《死者之書》的描述，人類死後，心臟會被放到量測善惡的天秤上進行評斷。

B 兩根柱子

這裡也出現了兩根柱子，代表存在於陰陽之間，位於物體兩極的「中庸之道」人物，可以用不偏頗的角度看待事物，顯示她是一位講求公平的人物。

C 皇冠

中央使用四角形石頭裝飾的皇冠，依據艾登 · 格雷（Eden Gray）的說法是「蘊含神聖力量的皇冠」。皇冠上畫的突起數量是「三」，鑲嵌在上面的是「四」角形的石頭。將兩者相加後的數字是「七」，可以解讀成「七大行星」等神聖的數字。

D 眼罩

依據版本的不同，正義女神也有出現過戴著眼罩的狀況。這是她為了不侷限於外觀表象，強調自己擁有看穿事實能力的表現。

STORY of Justice

女神透過心眼做出公平的裁決

正義的擬人化

如同前面已經介紹過的「力量」，依據版本不同，這張卡牌的編號也不同。

在古代木板的馬賽塔羅牌中，這張卡牌被編為8號。而在十九世紀末登場的魔術結社「黃金黎明協會」流派所編的號碼是11號。本書因為採用萊德韋特塔羅牌版本的關係，所以訂為11號。

大阿爾克那共有22張卡牌，「正義」這張卡牌位在中心點位置，與天秤的形象不謀而合。

首先我們先試著觀察這幅畫。頭戴皇冠顯得威風凜凜，但是這位女性卻一手握著寶劍，一手拿著天秤，抬頭挺胸坐在那裡。依據版本不同，也有出現過戴著眼罩的狀況。

這是將傳統的「正義」擬人化之後呈現的圖像。為了讀解寓意像，相當於字典和事典的著作之一，在十六世紀末發行由切薩雷里帕所著的《圖像學》中有下面這段敘述。

「面對我們的白衣女性，戴著象徵權威的王冠和首飾，看穿世間萬物。白色的衣服代表了『無邪』和『公平』。」

「『正義』的女神為了顯示不偏不倚的精神而戴著眼罩。右手拿著做出裁罰的寶劍，左手則拿著天秤。」

「正義」和「節制」、「忍耐（思慮）」、「力量」齊名，同為柏拉圖的著作《理想國》中提倡的美德，被稱為歐洲的「四大美德」，其中最受重視與尊重的就是正義。這樣抽象的「美德」概念很早就被擬人化了。

更進一步來說，在現代社會中，它是擁有最漫長生命的東西不是嗎？證據就是，現在全世界各地的法院都可以看得到，與它大同小異的正義的圖像。

眼罩真正的涵義是？

然而，剛才的引文中提到「正義」女神「戴著眼罩」這段描述應該讓一些人很在意吧！眼罩是一個很奇怪的記號，有著「盲目」和「看穿事實真相」這兩種完全相反的意思。

要判斷究竟採取哪一種意思比較好，是非常繁瑣的程序。最典型的是，在「命運女神福爾圖娜」和「愛神邱比特」裡出現的眼罩。

視覺被認為是人類所有感官之中最重要的東西之一。但是，同時也可以在「重要的東西是眼睛所看不到的」這段聖．修伯里的敘述中看到，能透過五感掌握的物質，有時反而會掩蓋事物的本質。所以，這種時候必須閉上肉體的眼睛，透過「心眼」來權衡輕重才行。是邱比特還是命運女神，因應文章的脈絡可以做出兩種不同的解釋。就如「戀愛是盲目的」字面的意思，也有外表看不出來，卻對真實的愛產生覺醒的時候。

在探討「正義」的時候，眼罩理所當然是代表「不偏不倚」的意思。在萊德韋特塔羅牌和馬賽塔羅牌中，「正義」女神並沒有戴著眼罩，是受到圖像學影響之後，才出現了戴著眼罩的「正義」女神的圖像。

如果你所擁有的塔羅牌版本是戴著眼罩的正義女神的話，希望你想起心「不偏不倚」的意思（不限於自古以來法官所執行的正義）。

文藝復興初期的畫家喬托筆下的正義寓意畫

現代的正義

老實說，對我來說，我並不認為這張卡牌像一般教科書上寫的，單純只是一張「好的卡牌」而已。

在現今世界上，要做出明確的正邪判斷已經變得非常困難。社會變得很複雜，處在各式各樣價值觀並列的社會，就算可以拿著天秤衡量，但是要揮舞寶劍這件事變得非常困難。

正因為如此，邁可．桑德爾教授開的「討論今後的『正義』」這種劇場型授課才會蔚為風潮，諷刺的是充滿自信地陳述意見，聲音比較大的「意見代表」那種人在電視節目上也擁有高支持度。政治方面也是，使用斷定語氣說話的人通常比較受到民眾

拉斐爾也畫了正義的寓意畫

支持。

在這種狀況下，當這張「正義」卡牌出現的時候，該如何解釋令人感到迷惘。「正義」站在自己這一邊嗎？或是會陷入將人定罪的狀況呢？

但是，正因為如此，遲遲不做出結論而盡力拖延，一直採取曖昧態度，反而無法改變任何事情。為了取得平衡點，最後有可能變得優柔寡斷呢！

12

吊人

The Hanged Man

吊人一如其名，身體陷入無法動彈的狀態。因為無法前進也無法後退，所以這時候稍微休息一下比較好。你會重新思考，自己想要做的事情是什麼？現在走的這條路是否正確？此外，由於視線範圍內的景象是反的，這也是象徵「觀點轉換」和「價值觀變化」的一張卡牌。透過重新思索自己所處的狀況，或許可以讓你擺脫低迷的陰霾，找到平順、邁向下個階段的線索。

SYMBOLS of The Hanged Man

A 腳和手臂的形狀

仔細觀察這位男性的身體，你會發現腳擺出數字 4 的形狀，手臂則呈現「三」角形。4 是象徵物質的數字，三則是象徵精神性的數字。透過兩者的組合，可以想成全然自由的精神，化身成為肉體這個物質形態的樣子。

B 光暈

男子背後閃耀的光輝，那是犧牲自我的光芒。男子犧牲自己的身體，企圖促進自身的成長。這個姿態與北歐神話中，為了取得力量而將自己倒吊在世界之樹尤克特拉希爾的神祇奧丁，如出一轍。但是這個光暈，在古老版本中並不存在。

C 長了葉子的樹木

讓男子倒吊的樹木，上面長著茂盛的葉子，看得出來是有生命存在其中。暗示著這名男子並不是單純遭受處罰，更不是被處以死刑那樣的狀態。

D T字形十字架

觀察讓男子倒吊的樹木，整體形狀宛如希伯來文最後一個文字 T 的古老十字架，也就是 T 型十字架。T 本身是帶有真實、光輝和良善的言語等意思的文字。

STORY of The Hanged Man

試著上下顛倒看世界

現代的解釋是「靈性」存在？

當塔羅牌蔚為話題的時候，常常聽到這樣的話。

「聽說塔羅牌非常準，感覺有點恐怖耶！你看，出現了『死神』、『惡魔』、『吊人』之類的。」

這時候我才發現塔羅牌給人的強烈程度。說出這些話的人們可能在年輕的時候接觸過塔羅牌占卜，或是曾經請人幫忙進行過塔羅牌占卜吧！換句話說，雖然這些人是塔羅牌的「素人」玩家，但是在他們心中也殘留著塔羅牌圖案的深刻印象。

在文藝復興時期的「記憶術」中，曾經有過將各種事物與繪畫形象進行配對記憶這樣的方法，但這種時候反而會刻意使用一些奇怪的圖像。雖然說這樣可以加深記憶，但是讓「死神」、「惡魔」、「吊人」這些形象殘留在印象中，我覺得反而變成反效果。

不過，我把說這種話的人稱為「素人」，其實還有另一個理由。可以推測那些說「吊人」很恐怖的人，其實是沒有學過塔羅牌的人。

話說回來，現代坊間大多數的塔羅牌教科書中，並不是將「吊人」視為單純的厄運卡牌。在現代的解釋中，它包括了「期望下的自我犧牲」以及「靈性的生存方式」這樣的解讀。

在萊德韋特塔羅牌版本中，男子雖然被倒吊著，但是他的表情浮現出微笑，而且從背後透出光暈。這簡直就是推翻世俗的價值觀，有著奉獻己身、靈性生活方式的姿態，這是比較現代的解讀方式。

被處以極刑的無恥之徒？

但是，有時候「素人」會比埋首研究的人更容易純粹地抓到事物的本質。

讓我們看看卡牌上的英文。The Hanged Man 這個標題，直譯的話是「被處以斬首之刑的男子」，這真的是令人害怕！而且古代版本之中，也出現了 Traitors（叛逆者）這樣的標題。

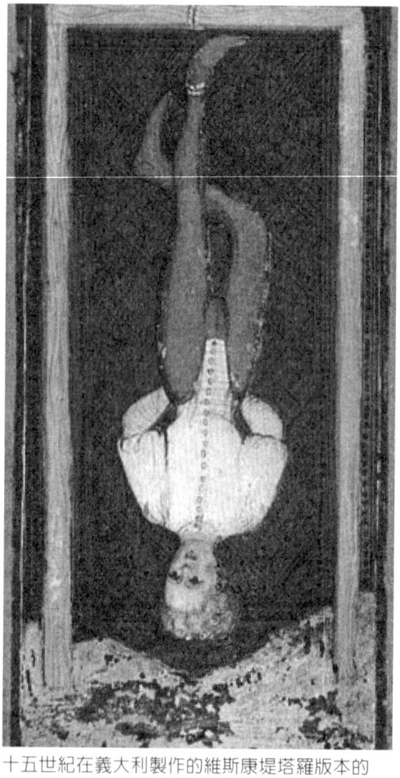

十五世紀在義大利製作的維斯康堤塔羅版本的「吊人」

此外，「吊人」帶著裝有錢幣的袋子，也有因為被倒吊所以裡面的錢幣散落出來的圖像。因為是緊接在「正義」這張宛如法官一般的卡牌之後，若解釋成因為竊盜、不當囤積錢財而遭受處罰，執行倒吊之刑的模樣，絕對不是錯誤的。

以一般的角度來看，呈現「絞首之刑」這種極刑的卡牌用在占卜上並不適當。但是，因為某種原因周遭的人將他「吊了起來」，或是在網路上「遭受責難」的狀況，這種現代的恐怖社會現象在日常生活之中層出不窮。

倒吊的視點＝價值觀轉變

這張卡牌最大特徵就是登場人物呈現「倒吊」的姿態。年輕的時候，當我陷入某種僵局時，我就會對著牆壁用力蹬地板，試著進行倒立動作。也有人會彎下腰，從兩條腿中間看世界吧！在身體柔軟度很好的孩提時代，這種事情很容易就可以做到。於是，到眼睛習慣為止，你看到的世界看起來都是相反的。

對我來說，「吊人」象徵著「倒立的觀點」，可以想成是價值觀轉變的意思。

這張卡牌在「正義」之後登場，一般的解讀方法是「正義」或「判斷基準」其實是可能翻轉的不是嗎？

然後，如果沒有妥善處理讓事情曝光，接下來有可能遭到彈劾。這種事只要稍微回想，立刻就會明白。以十年為一個單位，世界果然呈現非常重大的轉變。

在稍早之前被視為非社會性存在的「御宅族」，現在已經成為風光代表日本的文化推手。受女性期待的「理想男性樣貌」形象也大幅轉變，要追上變化是很不容易的。

儘管如此，受到這種來自社會期待的形象束縛是不好的，但是擺脫這層束縛，又會喊「好痛」然後化身為這個「吊人」的狀況比比皆是。任何人都會在適應、過度適應、不適應的狀態之間來回變化以尋求生存之道。

「吊人」描繪出傳統中盤腿的狀態，也可以把它看成數字4。4是安定物質世界的象徵（象徵4個元素或4種身分）。因此可以得知「吊人」和「愚者」不同，是對社會性具有充分意識的人。身處其中，看穿了社會上的規則和社會階級的虛構性，有時會受到批判，就算不到那種程度也是「吊在空中」的狀態，更顯示他處在內含不穩定因素下生存的狀態不是嗎？

13 死神

Death

出現這張卡牌表示「某件事物」已經邁向結束，包括人際關係的結束、工作等事物的終結。此外，一直以來你所擁有的刻板印象，堅信的價值觀也有可能開始出現變化前兆。結束之後接著又是新的開始。在嶄新的舞台上，你可以構築全新的東西，那價值遠超過你放手的。即使那是充滿感傷的別離，但以長遠的眼光來看，還是會認為「當時選擇放手是正確的」。

SYMBOLS of Death

A 死神的旗幟

手中高舉的旗幟是勝利的象徵，但是「死神」所高舉的旗幟，代表著絕對性死亡的勝利。沒有任何人可以戰勝死亡。

B 白色玫瑰花

相對於象徵熱情的紅玫瑰，白色玫瑰花被看作是生與死的神祕象徵。「死神」手持的旗幟上，描繪的不是紅玫瑰而是白玫瑰，就是這個道理。

C 國王與教皇

在這張卡牌上描繪著幾個人物，其中特別醒目的就是面對「死神」做出某種請願姿態的「教皇」。另外，仔細看左下角，可以發現頭上的皇冠掉落，橫躺在地面上的國王，他已經命喪黃泉了吧！即使國王是這個國家的最高權力者，或是精神層面擁有最崇高地位的教皇，死亡還是會降臨在他們身上。死亡這件事是人人平等的。

D 太陽

背景描繪的太陽，有著看不出是旭日東昇，還是夕陽西下的狀態。無論是哪種情況，太陽作為「死亡與重生」的象徵這件事是不會變的。即使是所有生命都已死去的城鎮，生命還是會再度誕生。

STORY of Death
「死神」並非如同字面代表「死亡」之意

「死神」出現時的尷尬氣氛

與最近流行的溫和派療癒卡不同，塔羅牌帶給使用者的強烈衝擊，其中這張「死神」的衝擊力道更是強烈。因為象徵死亡的骸骨人物，拿著斬斷生命的鐮刀昂首闊步。

當「死神」出現時，對誠實的占卜師來說是很困擾的一件事。如果是研究過塔羅牌的人，腦中都會有「死神並不是像字面意思那樣象徵死亡，而是代表事情告一段落和重生」這種溫和的解讀方式。但是，對於眼前出現如此強烈形象的被占卜者來說，儘管告訴他「這絕對不是不好的卡牌」，在他耳中聽起來也只是表面的安撫而已吧！

老實說，當我在別人面前進行塔羅牌占卜時也非常緊張。沒有事前進行個人彩排、鑑定，因為工作的關係，我必須在脫口秀等節目上請藝人抽排進行占卜示範。那種情境下，我總是在心中禱告「千萬不要抽到『死神』啊！」

幸好到目前為止，在現場轉播和脫口秀上都還沒出現過「死神」，但是萬一出現的時候，我應該也會慌張地說「這張卡牌不是指『真的死亡』，而是開展新事物的意思。」這句話來圓場吧！儘管如此，我相信現場還是會有一些尷尬的氣氛存在。

原因一定是因為，在看到這張卡牌時會「象徵性地」接收到「死亡」的訊息，人會在無意識間得知，即使對方口頭上說著好聽話，但這種態度某種程度上有著欺瞞的成分。

隱瞞「死亡」的「靈性」思考

現代社會中常常忌諱提到「死亡」這件事，在這裡也是說得通的。不，不只是死亡，對於這個世界上的惡行或是某些狀況下的壞事，我們也會選擇不去面對不是嗎？有時候把「靈性」兩字用在這方面就很好解釋。

比方說，不斷反覆提到的「新時代運動」教義中，就隱含這個世界上存在的負面事情，全部都是自己心中的恐懼和負面思考轉化為現實而已的說法。

冷靜下來思考的話就會知道不可能發生這種事，如果這種說法是真的，那麼三一一東日本大震災的悲劇也是人類無意識間引起的，最後會歸納成這種恐怖的結論。佛洛伊德應該會將這種極度宛如自戀現象的發想，定調為魔術的空想或是快樂原則吧！仔細想想，那些深度的哲學和宗教，就是將世界上所有的苦痛和否定的一面視為惡而發展出來的不是嗎？

倡導塔羅牌埃及起源說的卡爾·德傑普蘭於一八七一年發表的文章中，很簡潔地提到這張卡牌的意義就是「死亡」。同樣的，在大部分以前的教科書上也都定義為「失戀」或「悲劇」的意思。

在十四世紀中期，距離塔羅牌誕生的十五世紀更早的前一個世紀，歐洲鼠疫大爆發，有著約三分之一人口因此命喪黃泉的大悲劇。是的，所到之處人們都必須面臨「死亡」的挑戰。在這樣的環境下出現的插畫就是名為「死亡之舞」和「死神的勝利」這類畫作。主題描述「死神」昂首闊步，各階層的人們幾乎都在無奈之中死去。

在義大利，也有死亡乘坐著戰車凱旋歸來的插畫，坊間也有一連串的插畫對塔羅牌本身成立造成影響的說法。

塔羅牌將「死亡」納入其中，這樣的記憶還歷歷在目，儘管已經不是當時那樣的大規模死亡，但是它將因為疾病或事故造成的死亡就存在於你我身邊的事實真實呈現出來，所以死亡是無法避免的悲劇。塔羅牌中也展現出這種沉重的現實人生。

幾個種類的死亡

但是，塔羅牌的「死亡」是否一如字面意義象徵死亡，我想絕對不只有這個層面的意義而已。在一開頭就提到，過度逃避死亡或人生中否定的那一面，過剩的正向思考就會遭受批判。另一方面，這張卡牌單純只是按照字面意義作為「死亡」的前兆解讀的話又太過度了。

在此，我覺得很有趣的是，著名的占星術學者並且身為榮格心理學分析家的麗姿·格林（Liz Greene）博士在《宿命的占星術》（Astrology of Fate）這本書中提到這則故事。格林博士敘述了過去諾斯特拉達姆士和同時代的占星術家盧卡·葛利斯非常想正確地預言當時的王子即將死亡的故事。反觀，現代的占星術家們沒辦法做出如此正確的預言。但是，他們有時候看起來又好像可以做出正確的預言。這究竟是為什麼呢？

某些占星學家們的說法是，過去曾經有可以做出正確預言的占星術技法和密技存在，但是經年累月後這些技術已經失傳，現代只能提出曖昧的預言而已。但是格林卻否定了這項說法。格林表示，「的確如字面意義當時『死亡』就只有一種形式的死亡。但是，在多樣化生存方式與意識性發達的今日，可以預想會有多樣化的『死亡』方式。所以，同樣是『死亡預言』卻會透過各種不同的形式呈現出來。」也就是說，現在的自己死亡後，會在下一個人生舞台投胎重生的意思。

這個論述中也存在著各式各樣的弱點。從中世紀到文藝復興時期，真正可以做到正確預言的人其實並不存在，人的意識並不是那麼容易產生劇烈變化的。（實際上格林博士撰寫本書是在一九八四年，現在大家的想法已經大幅改變了！）

但是重要的是，在象徵世界中「死亡」並不單純是物理層次的東西，從孩提時代開始進入下一個時代，從青春期進入中高年時期，或是事業轉換到下一個階段等都包含了巨大的變化。只要想像離婚或是公司倒閉就可以知道，比起事務的起頭，完結的時候更需要大量的能量。但是必須確實執行這個「死亡」才會有新的東西誕生，這件事是確定的。「死神」卡牌就是呈現出這樣的意涵。

14 節制

Temperance

這是取得平衡的狀態，身體與心理，理性與感性等，沒有向任何一方偏移，事物都能夠順利進展的預感。深埋在內心的野心，或是認為過度魯莽而放棄的夢想，或許都能找到「只要這麼做就可以達成」這類符合現實性的方法。此外，你一直以來無法認同的他人價值觀也逐漸可以接受，也能理解那些平常不太親近的人心中所想的事，開始可以和別人溝通。變化會緩慢地造訪，注意不要過度焦急是很重要的。

SYMBOLS of Temperance

A 天使

這張卡牌上描繪的天使是療癒系的天使拉斐爾，可以解釋成等同於榮格心理學中的「自我」。自我是你無意識的心，透過內在的聲音引導著你。

B 重新倒入的水

表現心靈的能量開始產生變動的模樣。就算表面上看不出來，你確實逐漸改變的心，會緩慢地讓狀況產生變化。

C 踩在陸地和水中的腳

陸地是「意識」，水則代表「無意識」。這位天使不偏頗於任何一方，兩隻腳分別踏在陸地和水上，代表意識和無意識這兩個能量進行良好循環的意思。

D 溪蓀

天使腳邊盛開的是名為溪蓀的花朵，伊里斯是在希臘神話中登場的彩虹女神的名字，轉化而成為象徵彩虹的花朵。彩虹是連結天與地的橋樑，可以想成是將兩個不同的地方互相串聯在一起。

STORY of Temperance

緩慢卻真實地產生變化

不知「節制」的意思？

我造訪英國的時候，有幸取得與身為榮格研究者，而且是英國代表性占星術家之一的瑪姬・海德（Maggie Hyde）小姐一起進行塔羅牌占卜的機會。

應該說，我請她使用我所監修的塔羅牌手機應用程式進行占卜，當時出現的就是這張「節制」。瑪姬小姐當然也是一名塔羅牌專家，據說她也發表過關於塔羅牌的學術論文。但是，這位瑪姬小姐卻說了以下這段話。

"I never understand the Temperance!"

（我不明白「節制」這張卡牌的意義。）

另外，美國的代表性塔羅牌占卜師瑞秋・波拉克（Rachel Pollack）也在她的著作《塔羅牌的智慧》（Tarot Wisdom）中如此寫道。

「請讓我告訴大家，對我來說，『節制』一直以來並不是我喜愛的卡牌。雖然稱不上討厭的程度，但是，它並不是一張會讓我感到興奮的牌。」

嗯嗯嗯。但是，以圖像學來解釋，這張卡牌並不是很困難。

緩慢而溫和的狀況

所謂的「節制」是傳統歐洲四項主要美德之一。與「正義」、「力量」、「忍耐（賢明）」並列，是人類必須保有的基本美德。這個寓意不僅侷限於塔羅牌，它們出現在隨處可見的插畫中，有時也會描繪在教會的彩繪玻璃上。其實，當我年輕的時候，第一次在歐洲的教堂看到這個插畫時讓我大感震驚。現在回想起來，這個圖像並不是什麼神祕學的圖樣，但是因為它是歐洲傳統中的基本插畫，出現在教堂也是理所當然的。

傳統的圖像會描繪將水從其中一個杯子（或是瓶子）倒入另一個杯子，一滴都沒有漏出來順利移轉。另外也有用水澆熄象徵情慾火炬的圖像。

如果承襲著這類插畫的基本涵義，就會呈現出緩慢而溫和的行為或是那樣的狀況吧！實際上，大多數的塔羅牌入門書也都給予這張卡牌「溫和」或「穩定的狀況」這樣的解釋。

塔羅牌上出現的天使形象

只不過，這裡存在著一個「謎團」。那就是相對於塔羅牌「節制」上看到的人物姿態「天使」，傳統的「節制」寓意像則是女性，而且是人類女性。

以實證派的塔羅牌歷史研究聞名的麥可・達美特（Sir Michael Anthony Eardley Dummett）舉例，傳統的「節制」圖像中，女性有時候會坐在椅子上，那個姿態不知何時被誤認為翅膀，於是演變成了天使的樣貌。

因為女性演變成為天使，在使用塔羅牌時讓「節制」產生了全新的解釋。「節制」之後的卡牌是「惡魔」，這是「天使」的負面姿態，也有必要注意他們的對稱性。

令人驚訝的是，依據最近出現的日本木星王氏（讓塔羅牌占卜在日本普及的貢獻者之一）的解釋，「節制」是「奇蹟卡」，是一張很特別的卡牌。這應該是他透過長久以來的經驗累積所提出的奇妙卻獨到的解釋吧！

我在本書中已經多次重複提到，塔羅牌剛開始的出發點是用來當作遊戲卡牌使用的，解釋的方式和賦予它的意義，即使是獨創的也沒關係。請發揮你獨門的想像力吧！

「節制」和榮格

如果要我用一句話來形容，我會將這張卡牌解釋成「平穩的轉型」和「變化」。看到這張卡牌時我聯想到的是榮格的著作《心理學與煉金術》（池田紘一・鎌田道生譯，一九七六年，人文書院發行）其中的一個小節。這本書是描述某位夢行者（其實是知名量子力學之父沃爾夫岡・包利）夢見的一連串夢境，顯示從中世紀至十七世紀為止的一連串煉金術圖像和插畫之間的並行關係，這是非常獨特的研究內容，其中出現了被認為是塔羅牌「節制」的夢境。

「母親將水從這個澡盆倒入另一個澡盆，她以非常嚴肅的態度執行這個行為。因為這個行為對周遭來說有著極為重要的意義。」

榮格認為，這裡提到被移動的水，煉金術師們將它稱為「活水銀」，是心靈的能量象徵。將存在於舊地方的心靈能量移動到新的地方，這被視為象徵促進心靈轉型的過程。

當我在讀《心理學與煉金術》的時候，雖然我已經非常熟悉塔羅牌了，當我看到這個夢境的插畫時，立刻聯想到「節制」這張卡牌，在那之後，榮格的這個解釋與「節制」就緊密地結合在一起了。

實際上，榮格派的分析家莎莉・尼可拉斯（Sallie Nichols）出版了《榮格與塔羅牌》（秋山里子、若山隆良譯，二〇〇一年，新思索社發行）一書時，她也將這張卡牌解釋為「自己和自我的對話」。

我認為這張卡牌表現出來的是，雖然表面上看起來好像完全沒有任何變化，但是內在卻緩慢地產生某種變化。這個穩定成長的過程，讓我們的人生變得更加充實。

15

惡魔

The Devil

一直以來，驅使你陷入衝動的因素，也許正是那段深存於你心中，但你卻不願正視、假裝看不見的負面情感。比方說忌妒心、自卑感、憎恨某人的心情、過度強烈的慾望等。其實是你不應該掩飾這樣的情感，接受這些醜陋的情感並好好咀嚼一番，便可避免「原因不明就擅自行動」的情況發生。此外，唯有認同自己軟弱的一面才能衍生出自律的意識，並促進精神層面的成長。

SYMBOLS of The Devil

A 大惡魔

大惡魔顯示出你的「陰暗面」，包括懦弱、慾望、恐懼等自卑情結。之所以認為它是「極度醜陋的野獸」，是因為你認為這樣的狀態是醜陋的。「惡魔」或許顛覆既有常識，但也代表這個世界不為人知的一面，以及現實世界的複雜多樣性。

B 倒五芒星

大家都知道五芒星代表魔法印記，透過頂點角的位置所代表的「精神面」支配組成這個物質世界的四大元素。然而倒過來的五芒星則表示精神面受到物質支配。心理學上的說法就是，肉體的慾望和無意識的衝動壓過了自身意志和理智。

C 垂下的火炬

猛烈燃燒中的火炬向下垂，顯示你的慾望和野心。火焰本身並無善惡之分，但是維持垂下的狀態終究還是會讓自己的手燒傷。可以看出，必須將慾望和無意識的能量導向正確方向的重要性。

D 小惡魔

綁在小惡魔身上的枷鎖非常鬆，也可說是「勉為其難」、「為了顧全大局」等「藉口」形成了這個社會的「鬆弛枷鎖」吧！束縛你的事物絕大多數都是虛構的，源自於你內心的恐懼。要對抗「惡魔」，看穿「惡魔」的真面目才是最佳手段。

STORY of The Devil

「惡魔」住在人們心中

塔羅牌＝禍害的象徵

我偶爾會聽到「塔羅牌很可怕」這樣的話。相對的，也有看過我至今為止監修的塔羅牌或是我寫的塔羅書籍後，說出「原以為塔羅牌是更可怕的東西，但現在可以放心了。」這類令人開心的感想。

同時我發現，由於塔羅牌就是禍害的形象已經根深蒂固，反而成為塔羅牌的魅力之一。如果塔羅牌單純只是可愛又美麗的東西，或許無法如此廣泛流通吧！

倘若塔羅牌擁有近期流行的亮晶晶「大天使神諭占卜卡」所缺乏的磁力，反而可以成為塔羅牌中令人著迷的有毒要素。

話說回來，這個世界或是人的一生，即使你不願面對，但「惡」確實存在。在塔羅牌中象徵性呈現黑暗形象的，就是這張「惡魔」卡牌。

塔羅牌中沒有「惡魔」

但是，「惡魔」在塔羅牌的歷史中也是有很大的謎團。其實，現存最早的塔羅牌中並沒有「惡魔」這張卡牌。

由四種花色組成的撲克牌於十四世紀由伊斯蘭世界傳入西歐後，十五世紀中葉義大利北部的貴族們追加現在稱為「大阿爾克那」的王牌，塔羅牌於焉誕生。現存最古老的塔羅牌是十五世紀中期於米蘭製作，統稱為「維斯康提塔羅」的手繪版卡牌組，但不知原因為何，此時的塔羅牌中找不到惡魔。讓狀況變得更複雜的是，不久之後木版畫的塔羅牌出現了「惡魔」卡牌。自塔羅牌「發明」之後，如果「惡魔」卡牌是在很久以後才追加的話倒是沒什麼問題，如此短暫的時間差，出現「惡魔」這件事令研究者相當困擾。

早期木版塔羅牌的拓印中出現了惡魔卡牌

我們可以歸納出的狀況有二。假說一，最早塔羅牌中「惡魔」並不存在，但立刻被追加進去。假說二則是雖然「惡魔」曾經存在，但製作手繪版塔羅牌的貴族們基於某種理由將「惡魔」排除，或是讓它全部失傳。其實下個章節介紹的「塔」這張卡牌也有著同樣的問題，究竟哪個說法是正確的，有待今後發現新史料加以佐證。

內在「惡魔」的誘惑

包含《萊德韋特塔羅牌》在內，塔羅牌中的「惡魔」大多描繪人類與山羊合體後的醜陋惡魔形象。但是仔細想想，「惡魔」應該是隱形的，肉眼看不見的。

這類「惡魔」像大多傾向依據基督教世界中的形象為主。的確，在聖經中也存在著「惡魔」，但早期的「惡魔」圖像幾乎與天使沒有太大的差別。

中世紀以後，半人半獸的「惡魔」原圖可能是源自希臘神話的牧神潘或西勒努斯吧！以基督教的禁慾和文化層面來看，野獸就是充滿情慾、淫穢的代表，存在於人類文化之外，符合野蠻和邪惡的象徵。其中也不免令人感覺

希臘神話中牧神潘或是薩堤爾這個山羊與人類複合體的角色，日後成為西洋惡魔形象的原型

到從文化層面看到的對「野生」的忌諱。

《萊德韋特塔羅牌》以及現代塔羅牌中，大惡魔旁邊幾乎都會描繪著被枷鎖束縛的小惡魔，但是枷鎖很鬆，想逃脫的話隨時都可以逃走。

十九世紀神祕學家文利馮斯・李維所描繪的偶像神巴風特，這張圖日後成為塔羅牌中惡魔的形象

大多數塔羅牌占卜師都認為這張卡牌呈現出「誘惑」，因為內心軟弱，自己可能將自己引導前往「惡的方向」。所以「惡魔」不是外來的，而是存在於自己心中。

李維筆下追隨巴風特的塔羅惡魔（奧絲薇女巫塔羅）

16

塔

The Tower

暗示著即使是你認為絕對不會產生動搖的東西，也會以你意想不到的方式輕易瓦解。會發生超乎你所預期的事，包括人和組織、價值觀等都讓你無法信任，自己一直以來擁護的地位和名譽或許都會化為烏有。但這也可說是處在全新的狀態下從頭來過的機會。趁著這次機會，擺脫一直以來受惰性影響延宕至今的事情，以及那些勉強做出的決定，試著接納那些你一直不願意面對的新事物吧！

SYMBOLS of The Tower

A 掉落的皇冠

遭受雷擊而掉落的皇冠，是遭人追討虛榮和權威的象徵。表示當你認為「到這裡就安心了」而悠哉地眺望下方之際，讓你從意想不到的方向墜落的時機也同時到來。

B 雷擊

雖然雷擊給人的第一印象會讓人感到恐懼，卻也象徵著突然降臨的靈感，同時代表啓發的訊號。靈感有時會成為鬆綁既有價值觀的契機，當你決定鼓起勇氣接納它，或是因心生畏懼而執著於舊有的東西，都會影響你讀取卡牌寓意的方式。

C 火花

請你細數看看從雷電飛散出多少火花。你發現了嗎？剛好跟塔羅牌中大阿爾克那的張數一樣是 22。22 是卡巴拉之中構成生命樹連接「路徑」的數目。另外，仔細觀察火花的形狀，可以看出表現神力的希伯來字母 yod 的形狀，表示破壞塔的落雷其實是神明所拋下的東西。

D 落下的人物

這些人物身上穿戴的皇冠和斗篷都是權力的象徵，可以解讀為現世的權力者或是驕傲的人失足落下的狀況。

STORY of The Tower

我們看見真實的「塔」

塔羅牌和人生一樣無法盡善盡美

在維斯康提塔羅版本和卡里耶魯（CARY-YALE）版本（兩者都是十五世紀中葉的產品）中，和「惡魔」一樣並不存在「塔」這張卡牌。但是，究竟是塔羅牌中沒有「塔」這張卡牌，還是只是單純遺失而沒有被保留下來，真相直到現在尚未釐清。

看了坊間的塔羅牌入門書，「塔」和「死神」以及「惡魔」並列，被認為是最強烈的凶兆卡牌之一，各位只要一看到這張圖，立刻就會聯想到這個解釋吧！木星王氏的《祕法　卡牌占卜入門》（一九七六年，日本文藝社發行）中對此做出的解釋是包含了「火災、打雷、事故、無預期的災難」等意思。

最近相當暢銷的入門書，露娜．瑪麗亞（Luna Maria）的著作《最親切的塔羅牌教科書》（二〇一一年，夏目社發行）當中，一開頭就指出「有可能被捲入無法避免的厄運之中」，提到了「可能性」又提到「無法避免」這樣的形容詞，果然令人感到害怕。

塔羅牌與現今流行的「都是好事」的療癒卡牌不同，最大的特徵就是將人生中可能掀起的戲劇性變化，直接透過象徵性的圖畫加以呈現。

九一一的影像映入眼簾

「塔」這張卡牌真的帶給我們非常強烈的衝擊。因為我們在現實世界中曾經體驗過宛如這張卡牌的形象，有著真實呈現的慘痛經驗，所以更加令人感到震撼。九月十一日發生在美國的雙子星大樓的崩塌影像，至今依然深深地烙印在我們的記憶中。

當時我在東京透過電視看到了那個影像，並且奇蹟似的與身在紐約的友人取得電話聯繫。他當時位在距離爆炸點（Ground Zero）雙子星大廈有一段距離的地方，得以幸運逃過一劫。不斷有人從煙霧迷漫而且逐漸崩塌的大樓往下跳的模樣，讓我不發一語拿著話筒，就這麼盯著電視看。

我深深地認為這幅光景宛如塔羅牌的「塔」一般。九一一之後，我們再也無法將「塔」這張卡牌和那個景象分開思考了。

何謂現代的「塔」？

依據一般常見的解釋，這個形象也被指出就是出現在聖經中的「巴比倫塔」。傳說中人類相當傲慢地搭建了直通天際的高塔，因而觸怒了神。於是神將高塔摧毀，並且為了不要再讓人們今後有機會同心協力共同合作，於是讓大家擁有各自不同的語言。

看著這張卡牌，就好像看到了那個傳說被實際畫出來一樣。但是，如果用心去看聖經中所記載的巴比倫塔的傳說內容，你會發現其中也有和塔羅牌中的「塔」不相吻合的地方。我從新共同翻譯的聖經（The Bible, The New Interconfessional Translation）中引用如下相關的內容。

一七五四年在德國出版的書籍中所描繪的一三〇〇年前後的巴比倫塔想像圖

「主耶穌降臨，看著人類子民建造了這個有著高塔的城鎮，如此說道。

『他們是一介平民，因為大家都說同樣的語言，才會開始做出這樣的事情來。這麼一來，不管他們有何種企圖都不會遭受任何阻礙。所以我們應該降臨該地，立刻讓他們的語言產生混亂，即使聽到彼此的語言也不懂其中的涵義。』

由於主將他們從那個地方分散到各地去，於是他們放棄建設這個城鎮。（創世記十一章）」

仔細咀嚼這段文字，你會發現神只是單純讓人類彼此之間的語言產生混亂，放棄建設高塔而已，並沒有提到透過落雷破壞高塔這件事。

因此，遭受雷擊的高塔這個塔羅牌形象，並未忠實地呈現在聖經中巴比倫塔的傳承內容。只要和有名的布呂赫爾筆下所描繪的「巴比倫塔」相互比較，就會明白其中的差異了。

不過，因為「雷」是表現神力（日文寫法為神鳴り）的象徵，直接做出這不是巴比倫塔這個結論似乎不是很恰當。在人們心中，很自然地就會將神的憤怒以雷電的方式描繪出來吧！無論如何，如果是針對人類的傲慢行為做出處罰的話，「塔」的形象和巴比倫塔的傳承之間，在原型探討的議題上還是互相連結的。

九一一呈現出來的是「世界貿易中心大樓」這個象徵高度經濟的「塔」，當軍事武力無法相提並論的弱勢方，賭上性命發動攻擊時造成的恐怖悲劇。

當然，恐怖攻擊是不應該被容許的。但是，崩塌的「塔」讓我們親身感受到，即使是巨大的霸權國家也有完全崩壞的可能性；三一一的核電廠事故也是如此。我們親身感受到，我們親手創造出的文明其實就跟塔羅牌的「塔」相當類似。

應該沒有人比我們這群現代人更加了解「塔」的真實性了吧！

以前，也有塔是神的家這類主題的呈現

17

星星

The Star

星星所綻放出的一縷光芒象徵著希望。你接下來會找到某種夢想或是目標，並且朝著這個夢想和目標邁進，即使那只是微弱的光芒也沒關係。朝著「某個嶄新的東西」付出努力本來就是一件很重要的事。因此，每天你就像剛開始學習某種事物的孩子一樣，可以用最率真的心情往前邁進。一直以來心中那些不安的情緒或是負面的情感都自然而然地獲得淨化，不用擔心，大膽向前邁進吧！

SYMBOLS of The Star

A 8顆星星

在上方閃耀的8顆星星呈現出這張卡牌的名字。8在日本具有朝尾端強烈向外擴張的形象，但在占星術的世界則是意味著「死亡與重生」。它透露了不管現在處在什麼樣的狀況之下，最後還是會朝向新的舞台前進的訊息。最好的證據就是高掛在正中央，巨大並閃耀著光芒的一等星，這是希望的象徵。

B 停在樹上的鳥

畫在人背後的鳥好像是「朱鷺」。朱鷺一般被視為是不死鳥，也被當成是「再生的鳥」象徵希望。此外朱鷺也是埃及神話中的知識之神．托特的象徵，在此表現知識和純粹的精神。

C 裸體女性

裸體女性讓我聯想到榮格的心理學中提到的「宇宙靈魂」（Anima mundi），我們可以將宇宙想像成從天空對著地面傾注生命力那樣的姿態。順帶一提，「世界」這張卡牌中同樣也出現了宇宙靈魂。

D 一隻腳在水中，一隻腳在地面

這張卡牌中描繪的女性也和「節制」一樣，一隻腳踩在水中，另一隻腳踩在地面上，代表她是跨越意識和無意識世界的溝通橋樑。

STORY of The Star

成為自己和大家的希望之「星」

希臘神話的女神與特洛伊的美少年

在「星星」這張卡牌上，一如其名閃耀著一顆巨大的星星。一共散發出八道光芒，在它的周圍還閃耀著七顆同樣形狀的星星。它的下方跪著一位裸體女性，分別從兩隻手中將水壺的水注入類似泉源或河川之中；其中一隻手將水注入水塘中，另一隻手則將水倒在大地之上。後方可以看見有隻鳥棲息在深處的樹梢上。這個構圖其實在塔羅牌中是一個很大的謎團，塔羅牌的大阿爾克那大多是「正義」、「節制」那樣，以其他繪畫表現中也能看到的格式化寓意像作為基礎。換句話說，這個「星星」的構圖可說是塔羅牌原創的東西。

「星星」的基本構圖和十八世紀左右的馬賽塔羅牌版本相同。如果回溯到十五世紀最初期的塔羅牌的話，一位穿著衣服的女性將星星放在手心，也有單純地在畫面中央出現星星的樣子。大致上，到了近代之後的插畫設計都已經像現在一樣非常一般化了。只是在塔羅牌的歷史之中，這個形像似乎是忽然出現的。

我的意思並不是說以前沒有類似的圖像。說到這裡你可能立刻想到希臘神話中的伽倪墨得斯（Ganymedes）吧！伽倪墨得斯是一位特洛伊的美少年，他的姿態耀眼奪目。看上這名少年的是眾神之王宙斯。宙斯愛上了這名少年，於是自己化身為老鷹的姿態，將他帶回自己的宮殿奧林帕斯之中。隨後，這名少年便擔任為眾神倒酒的任務。

眾神所喝的酒被稱為「瓊漿玉液」。順帶一提，黃道星座中的「水瓶座」呈現的就是這名倒著神酒瓊漿玉液的少年。

繪製這位伽倪墨得斯的時候，有時會以從瓶中對著大地倒出水（或是神酒）的方式呈現。只是，大家都應該注意到了吧！伽倪墨得斯和「星星」的構圖存在著很大的差異。沒錯，伽倪墨得斯是一名少年，但「星星」中出現的是女性。

星宿創造出時序，也創造出生活週期

然而，位在中央的那顆「星星」又代表著什麼意義呢？這一點名家眾說紛紜，有人說它是天空中最明亮的恆星天狼星，也有一種說法是，它是預告耶穌基督誕生的「伯利恆之星」。周圍的七顆星理所當然就是占星術中使用的太陽、月亮、水星、金星、火星、木星、土星等行星。

針對圖像的規則說明就到此為止，接下來讓我們自由地依據卡牌的形象進行解說吧！從占卜方面的意義來看，十九世紀以後，大多數場合都會出現「希望」這個關鍵字。的確，「星星」一直都是希望的象徵。對於航行在廣闊海洋上的水手們來說，在那個沒有GPS的年代，都是靠著星星的方位尋找航道。這樣的航行方式稱為「星象導航」。

此外，占星術和天文學的誕生，對於進行時間旅行的人類來說，是絕對需要的必需品。何時該進行播種？何時應該舉行祭祀？為了在社會上生存，計算「時間」好好設計自己的生活內容是非常重要的。不過，該怎麼測量時間會比較洽當呢？依據開花的時期當然是一項很重大的線索。但是，光只是這樣的話還是讓人很不安心。櫻花的開花時間有一年比一年提早的趨勢。雖然自然界之中幾乎所有東西都有一定的頻率，但是原則上這些都太過複雜了。

其中，天體的運行是極具規則性的。太陽幾乎每隔二十四小時日昇與日落，月亮每二十九天半重複發生陰晴圓缺的變化。北極星幾乎不會移動，北半球的星座幾乎一天公轉一周。此外，還有著象徵各個季節的星座。所以，全世界幾乎都基於天體的運行製作出標準曆法。星星不僅創造了生活的規律，更顯示無論發生什麼事「明天」還是一樣會到來。

滋潤大地的水，受到星星的週期性變動帶來季節變化之惠，而星星本身則顯示接下來到訪的「明天」是充滿希望的。

恩惠之水，淨化之水

在我看來，當這張塔羅牌出現的時候，我認為這代表著可以看見嶄新的光芒。

當你感覺陷入困境的時候，只要有這張牌，應該可以讓你看到嶄新的未來和方向性吧！當然，這道光芒也可能是很微弱的。應該說，絕大部分都不會以清晰的形狀出現，而目標本身也可能不是非常具體。

儘管如此，你還是可以直覺地感受到「下一個」機會，這件事是很重要的。在這張卡牌之中強調的水或許也是淨化的象徵，洗去心中那些揮之不去的各種黑暗的負面思想，可以讓你的心情變得輕鬆而且舒暢。

此外也有「命運之星」這樣的一句話，另外也有自己誕生時的星象配置決定了自己的命運和使命這樣的想法。這表面上看起來是宿命論，或許讓人覺得是和希望完全相反的論調，但是對此我覺得可以有完全不同的發想。

比方說，現在，假設你有一個很明確的目標，像是想進入哪一所大學就讀，或是想從事什麼樣的工作等等。但是，一旦達成這些願望之後會變成什麼樣子呢？要持續保有自己的積極動機是很困難的。說到這裡，讓我想起了祖母的教誨。這是我十幾歲即將參加大考之前，某一天我前往某間神社祈求金榜題名時發生的事。祖母問我向神明祈願什麼樣的內容。我回答說「我非常認真地祈求神明保佑我考上○○學校。」祖母立刻皺起眉頭。「這樣不行。如果用這種方式祈願，神明不就只能通融你往那個方向走了嗎？」充滿困惑的我接著問，「那樣子不行嗎？」祖母的回答充滿了智慧，完全出乎我的意料。

「當然不行啊！想進入○○學校就讀，這只是你現在的一個小小的想法而已。這個決定是不是真的很好，其實你也不知道對吧？所以，你應該請神明讓你進入最適合你的學校才對。」

這就是技巧。即使我沒考上，我也可以認為這是對自己來說最好的結果。但是，或許也有超過自己可意識到的範圍，以及目前尚未成形的希望或可能性，所以應該為自己留一些餘地。也就是說，這裡面可以免除掉利己的這層意義。「給我最好的」這句話同時也含有「對大家來說」最好的這層含意在裡面。

「星星」位在遙遠的彼方所以無法掌握，也無法到達。正因為如此，它才能引導我們朝「最好的方向」前進。

18 月亮 *The Moon*

每天當你抬頭仰望時，月亮的形狀都在改變，所以月亮象徵著曖昧和不安定的狀態。

當這張卡牌出現時，眼前發生的事件會讓你基於與生俱來的動物性直覺做出反應，比方說直覺或生理上的愉快和不愉快等現象。

因此，平常仰賴的資訊和知識，以及理論性的思考都派不上用場，這一點會讓你感到很不安吧！

另一方面，這也是一張代表想像力高張的卡牌，從事創作活動的人絕對不可錯過這個大好時機。

SYMBOLS of The Moon

A 月亮的臉

請各位讀者仔細觀察這個畫著臉的月亮，當中可以看到包括上弦月、半月、滿月等好幾種月亮盈虧的週期性變化。在這幅圖畫當中包含了月亮所有的變化。

B 月亮的光線

細數像刺一般放射出來的月亮光芒，總共有三十二道光芒。32 是卡巴拉生命樹的天球數 10 和連結路徑的數字 22，兩者加總之後的數字。

C 狗和狼

地面上的小徑左右邊各有一隻長得像狗的生物。依據其中一種說法，左邊的野獸是狗，右邊的野獸是狼，他們分別象徵著具有文明和野性的動物。

D 螯蝦

螯蝦被視為象徵巨蟹座的生物。由於巨蟹座是以月亮當作守護星的星座，可以理解螯蝦和「月亮」之間的深厚淵源。此外，螯蝦是穿梭在水中和陸地的生物，這也暗示了在意識與無意識之間徘徊的意思。

STORY of The Moon

和卡牌意義相同，解釋為逐漸變化的「月亮」

孩提時期吸引我的咒文

在我的記憶中，這張「月亮」卡牌帶有些許特別的意義。如果是和我同年代的人，應該都知道古賀新一老師過往博得廣大支持度的恐怖漫畫《Eko Eko Azarak》。如果是年紀小我一個世代的人，有些人應該對真人版電影有印象吧！這是描寫「黑井美莎」這位女子高中生黑魔女使用闇黑魔法對壞人展開復仇的故事，故事中到處充滿著澀澤龍彥和賽里格曼，這兩位人物當時在日本相當火紅，也可以買到魔法傳承的相關知識，Eko Eko Azarak 這句咒語當然也是其中之一。

在這部漫畫作品中，塔羅牌多次被用來當成重要的工具使用，我記得曾經出現過「月亮」這張卡牌。因為我的手邊剛好沒有這部漫畫，所以只能靠我僅存的模糊記憶加以說明。印象中，漫畫裡對「月亮」卡牌的解釋是「危險、敵人、虛偽的朋友」。

這些帶有不吉利解釋的漫畫，對當時還是小學生的我來說雖然有感受到些微的恐懼，但還是如咒語一般不斷傳唱。現在回想起來，這個關鍵字直接引用了澀澤龍彥在日本推廣塔羅牌時的知名散文〈古代紙牌之謎〉（《黑魔法的手帖》一九六一年，桃源社發行）中發表的內容，而我是在很久之後才買了澀澤的這本書。

那麼，我們再回頭來看看「月亮」這張卡牌吧！卡牌的上半部有一個很大的月亮。在看似滿月的圓形中間有上弦月，而這個上弦月又成為類似女性的人物側臉。月亮的周圍有著類似希伯來文字 yod，放射出所謂「月亮的眼淚」並滴落到地面。在地面上可以看到兩座高塔。卡牌下方有沼澤，螯蝦從裡面爬了出來。有一條蜿蜒的小徑從沼澤處不斷向遠處延伸，小徑兩側可以看到狼和狗，在月色昏暗的夜裡呈現出詭異且令人感到不舒服的景象。

前面提到的 Eko Eko Azarak，如果依據澀澤的書籍介紹內容來解釋的話是非常合理的。但是在歷史上，這個圖像卻充滿謎團，而且在塔羅牌登場的十五世紀其實並不存在這樣的構圖。

在原版維斯康提塔羅牌中，描繪的是貌似女神阿蒂蜜絲的女性，手中捧著上弦月的模樣。依版本不同，也有描繪出占星術師或天文學者觀測月亮的模樣。

出現月亮圖像與解釋的變遷

這個構圖實在充滿了謎團，像萊德韋特塔羅牌這樣，符合塔羅牌形式的「月亮」構圖突然從馬賽塔羅牌版本才開始出現，借用詳細探究塔羅牌圖像的研究者羅伯特．歐尼爾的話來解釋，「只有這張卡牌無法找到文藝復興時期的歷史圖像。」

如果這個研究結果是正確的，那麼「月亮」卡牌或許就是塔羅牌畫家們自由發揮其創造性的珍貴案例了。（耐人尋味的是，日本的知名塔羅牌研究者伊泉龍一先生提出「月亮」卡牌中出現的狗是用來諷刺占星術師，這個理論因為缺乏證據佐證所以無法否認。）

十八世紀後半之後，塔羅牌占卜師開始將「月亮」卡牌單純解釋為「表現月亮本身」的意思，之後又有了其他不同的解讀。

十九世紀時，保羅．金安德森已經將這張卡牌解釋為「欺瞞、隱匿的敵人」，二十世紀的萊德韋特塔羅牌則是依據澀澤先生提出的「隱匿的敵人、危險」加以解釋。

現在大部分的入門書都沿用這個解釋。露娜．瑪麗亞在著作《最簡單的塔羅牌教科書》中將月亮解釋為「隱瞞事實或欺騙他人的行為。迷惘和煩惱累積，積存在心中找不到出口。」森村亞子的著作《煉金術的塔羅牌》（二〇一二年，實業之日本社發行）則提出了「一絲不安的氣息、逐漸改變的情感、煩惱、心靈創傷、隱瞞的事、因緣」這樣的解釋。

這些恐怕都是因為月光所支配的「夜晚」，這個時間點讓一切都顯得曖昧不明，無法達到合理性狀態而進行衍伸和演繹之後的形象吧！

但是，在這之中大放異彩的是月亮公主姬彌子的塔羅牌書籍《月亮公主塔羅牌占卜》（一九八九年，池田書店發行），她在書中賦予「月亮」正向積極的解釋。這在現代的塔羅牌市場上是需要一點勇氣的。

對「女性的靈性」再次評價

月亮公主的解釋之中存在著文化的背景。我不知道她對歐美的背景了解到什麼程度，但在一九七〇年之後，歐美的確盛行「女性的靈性」運動，「月亮」一直以來都被視為瘋狂和消極的女性象徵，在此時重新進行了解釋。

如果以極度粗暴的方式來說，在西洋世界中，男性＝合理性＝文化，文明＝太陽，女性＝非合理性＝自然，身體性＝月亮這樣的形象關聯性已經根深蒂固，因此「月亮」理所當然被賦予了消極的意思。硬要說的話，所有女性都是潛在的黑魔女，最終可能會動搖理性。簡而言之，這就是厭女症（女性貶抑）。正統的靈性一直是由耶穌基督所代表的「男性的神格」擔負起發展的歷程。

但是，相對的，針對女性的靈性再次給予評價，《神的女性面容》這本書也在基督教內部引起廣泛討論，世界各地女神傳承的相關書籍也蔚為話題。

以女神傳承為基礎發展的塔羅牌也在八〇年代以後廣泛被製作出來，這樣的產品宣揚女性的身體性、自然、女性性等議題。這麼一來想當然耳，「月亮」也成為女性的直覺和靈感、自然的生存方式等面向的具體表現，這對於過往遭到否定的女性生理賦予了積極正向的意義。

19 太陽 *The Sun*

出現這張卡牌時，你可能已經找到生存的目的和意義，確信「自己要朝這條路邁進」，感受到自己在朝著目標邁進時的喜悅，心中充滿了做自己而散發出的光輝，這件事讓你充滿自信。此外，一直以來你持續努力不懈，對他人來說已經收到了可以稱為「成功」這個結果的信號。你在舞台上成為鎂光燈的焦點，受到眾人注目的日子已經離你不遠了。

SYMBOLS of The Sun

A 孩童

孩童這個形像本身充滿了青春洋溢的生命能量，因此，在占星術中孩童被認為是太陽的象徵。

B 旗子

旗子所代表的是勝利的感覺，由於是由孩子舉起這面旗子，可以把它解釋為「生存的喜悦」。這和顯示「死亡的勝利」的「死神」卡牌中的旗子是完全相反的意義。此外，請各位讀者將馬的身體部位到旗子尾端，當作是一體的形狀。如果將馬看成◯（圓形），立刻就會浮現出獅子座的符號對吧？獅子座這個星座被視為是太陽的守護星，這樣的一致性應該不是偶然的。

C 太陽的光線

從太陽散發出 22 道光芒。在卡牌上描繪出 21 道光芒，我認為剩下的那一道光芒就藏在太陽正上方位置的數字之下。22 如同在前面的「塔」所做的說明，是生命樹中存在的「路徑」的數目。

D 向日葵

向日葵是象徵太陽的花朵，雖然只畫了四株向日葵，但是 4 這個數字呈現出構成世界的四大元素（火、地、風、水）。

STORY of The Star

打破夜空幻想的理性光輝

孩童與太陽的強烈連結

被標上19這個號碼的「太陽」卡牌，是繼17的「星星」，18的「月亮」之後，位於象徵天體的三張卡牌中的最後一張。

首先，讓我們看看萊德韋特塔羅牌中的「太陽」。太陽被畫在整個畫面上方，而且還被畫上了人類的臉，是擬人化的圖案。在他的下方有一位少年騎著馬不斷揮舞著旗幟。在更古老的馬賽塔羅牌中，則有兩位孩童位在太陽下方，這樣的構圖是很一般的。但是，成為萊德韋特塔羅牌構圖的原始依據則是來自於人稱JACQUES VIEVILLE版本的十七世紀中葉法國塔羅牌版本。

這個版本的「太陽」卡牌是乘著馬，手中高舉旗幟的孩童位於太陽的下方。我不確定誕生於十九世紀末到二十世紀之間的韋特是否曾經實際看過這張卡牌，但是因為這張卡牌的構圖曾經出現在對韋特造成強烈影響的十九世紀神祕學主義李維的著作中，至少我們可以得知韋特他確實知道這樣的構圖。

李維是這樣描述的。

「圖像是，閃耀的太陽和位在堡壘圍牆中手牽手的兩位裸體孩童。在其他『塔羅牌』中則是編織命運絲線的女性。在另外的『塔羅牌』中，則是跨坐在白馬上揮動著深紅色旗幟的一位裸體孩童。」（《高等魔法的教理與祭儀》李維著，生田耕作譯，一九八二年，人文書院發行）

燦爛耀眼的太陽和圍牆中牽著手的兩位裸體孩童，這就是傳統馬賽塔羅牌版本的「太陽」。最後提到跨坐在白馬上的孩童這段敘述則是萊德韋特塔羅牌的「太陽」。（至於編織著命運絲線的女性，因為我孤陋寡聞，不知道這樣的構圖與太陽之間有著什麼樣的連結，李維那個年代就存在的嗎？）

孩童這個形象在更古老的版本中也出現過，在十五世紀的義大利，現存最古老的塔羅牌原版維斯康提塔羅版本中也出現了孩童。在圖像學上稱為「孩童」布托，由年幼的孩童支撐著「太陽」。

塔羅牌的太陽和孩童之間似乎存在著非常強烈的羈絆，而且相互連結在一起。以下是我自己的聯想。太陽是支配獅子座的恆星，而獅子座則是黃道星座中排在第五個位置的星座，在現在的占星術中位在第五宮的位置，這個第五宮就是象徵「孩童」的地方。（傳統的占星術中，每個宮位的號碼和星座的順序並沒有直接的一致性，但是現代的占星術會將兩者一併考慮。）

太陽系位在宇宙的中心位置，同時也是太陽系之中唯一能夠自己發光的天體，在占星術中「太陽」是代表了「捨我其誰」的天體，通常被稱為「身分認同」，這可說是真實感受到自己是唯一，受到整合之後的存在。

雖然被翻譯成自我一致性，但人有著各式各樣的要素，無論他擁有哪一種屬性，支撐著自己的就是自己，這種不可思議的感受究竟是什麼？就是太陽這個東西。

太陽理性地代表合理的「白天」

在榮格心理學中，永遠的少年這個形象代表的就是「自己」。另一方面，自己所意識到的自己則被稱為「自我」。這麼一來，我們可以把塔羅牌中的孩童想成是存在於自己體內，象徵所有潛在可能性和所有創造性的人物。

如果從內在層面來解釋的話，就是不管發生什麼事自己都能夠保有自我這樣高度自信的象徵。此外，這也是靜態的「自尊情感」，也就是自尊心。帶有這種特質的人會展現出沉穩和穩定的一面，這部分會以從其他人口中得到評價和稱讚的形式呈現出來。

「太陽」的卡牌經常被視為是一種名譽。出現這張卡牌時，你會處在某種燦爛的光輝之中，宛如頒獎受到肯定那樣的狀況，也可能沐浴在宛如太陽光一般的鎂光燈焦點之中。

這張卡牌出現時引發的外部事件，也可能讓你的自尊心和身分認同遭受到批判。

此外，「太陽」也有表現「白天」這個十八世紀時期的解釋。這跟「月亮」代表「夜晚」的解釋成為對比。如果說白天的意識和夜晚的意識不同的話，應該會讓人想到浪漫主義的思想吧！

夜晚的意識是，白天的意識在睡夢之中流出，如詩一般象徵性的，貼近神話故事的東西。另一方面，白天的意識則是理性且合理的。尼采將前者稱為戴歐尼修斯，後者則被稱為阿波羅，阿波羅指的當然就是那位太陽神。阿波羅被認為是理想男性的形象，但是身為「斷絕詛咒者」和「破壞詛咒者」的這一面鮮為人知。唯有阿波羅才能夠擁有切斷各種詛咒與束縛的能力。

妄想開始發動的時間點，也都會是在夜間意識的時候。

比方說，試著回想我們感到煩惱的時刻。現代的煩惱大多都是人際關係，父母親是如何看待自己的？社會又是如何看待自己？對方表達出來的想法自己是否確實做出回應？還是無法拒絕別人。此外，自己是否引起了誤會的事情？對方應該是怎麼想的？之類的。

然而，這樣的想法大多都是「想太多」的成分居多，是自己被自己心中的妄想幽靈和惡魔束縛住。或是自己依據常識做出的判斷，又自行內化，換句話說就是用理所當然的各種規範綁住自己。因為這些緣故，讓活著這件事變成一件相當痛苦的事。比較容易理解的就是「男性就是這樣」或是「女性應該這麼做」，或是「這才是理想的家族關係」等價值觀。「太陽」所象徵的理性光輝，讓這樣的信念暴露出存在的迷思。

沒錯，「太陽」的意識可以切斷妄想的觀念。早晨來臨，中午到來的時候，夜晚的夢想早已煙消霧散。你也可以清楚分辨「幽靈的真面目」原來只是「枯萎的芒草花」。童話故事中，只要公雞啼叫妖怪和魔女就會退散，簡直就是這個景象的代表。

夜晚象徵幻想，它會被太陽光打散消滅。

20 審判

Judgement

暗示已經宣告結束的事物，或是埋葬在過去的記憶，會因為某個偶然的契機在腦中甦醒。但是這絕對不是一件壞事，你可以用最好的方式將它進行「回收」。透過已經不是當時的那個自己的角度和想法，從過去學到寶貴的經驗。接著，讓這些經驗昇華之後，你將迎向很大的轉捩點。你將不會感受到任何遺憾或不愉快，能夠用舒暢的心情朝著下個階段邁進。

SYMBOLS of Judgement

A 天使

研判這裡畫的應該是七大天使之一的加百列。依據聖經上的敘述，當世界末日來臨時，加百列會吹喇叭通知人們進行最後審判的時間到了。

B 喇叭

喇叭是象徵「來自神的號召」以及「告知」之意的符號，表示接下來你將會面臨某種形式的變化。

C 山

仔細觀察卡牌圖案的背景，可以發現浮出了山的陵線。群山所代表的是接下來自己不得不跨越的各種界線。一如字面的意思，或許有高山也有峽谷，各種磨練即將朝你而來，唯有跨越這些挑戰，才能順利抵達新的階段。

D 浮在海面上的棺材

棺材裡的死者們爬了出來，這些棺材並不是放置在地面上，依據顏色和風浪來看可以得知棺木位於海上。大海是人們誕生前所在的地方，表示羊水。死者們從母親的子宮裡再一次誕生到世界上。

STORY of Judgement

從無意識間的聲音甦醒的東西

這個世界末日的「最終審判」

畫面上方描繪著一位天使正在吹著喇叭。他的下方有從墳墓裡站起來的人們，朝向天空高舉雙手。不論是馬賽塔羅牌，還是原版維斯康提塔羅的版本，基本構圖都是一樣的。即使天使的人數或是從墳墓中甦醒的人數有所不同，所有版本中都描繪著天使吹著喇叭，死者從墳墓中甦醒的景象。

使用這張插畫再加上「審判」這個標題的話，稍微對西洋文化有研究的人都不疑有他吧！這張卡牌所代表的就是「最後的審判」。大家都知道在基督教中eschatology 這個字就是「末世論」的意思。

依據神的計畫創造了這個世界，時間筆直地向前推進。被「創造」出來之後開始運作的這個世界，理所當然也會有結束的一天。那麼，末日來臨時會發生什麼事？

依據基督教的教義，世界末日時耶穌基督會再次降臨，讓死者們復活，對生者們同樣會進行前往天國或落入地獄的遴選。過去曾引發社會騷動的英文字Ascension，本來就是「升天」的意思，「歷史終止之時，善良的人會被召喚到天國」，這成了自古以來末世救濟思想的一種版本。

聖經中的馬太福音（新共同約）中有著這樣的描述。

「人之子，隨著大喇叭的聲音聽從天使的差遣。天使們則從無邊無際的天空中，從四面八方召集他所選出的人們。」（「馬太福音第24章31節」）

也就是說，當世界迎接末日來臨的時候，天使會降臨並吹喇叭告知我們這個時刻已經到來。

自中世紀的神學家希波的奧古斯丁之後，人們似乎將重生的年紀全都訂在耶穌受難時的三十歲姿態，但萊德韋特塔羅牌似乎不打算傳承這個部分。所以卡牌上有的人看起來像孩童，背景也可以看到各種年齡層的人們。

復活，重生的形象

占卜的時候，經常將這張卡牌按照字面意義給予「復活」這個的解釋。特別是雖然這並不是什麼特別的事，但是翻閱森村亞子的《煉金術的塔羅牌》竟出現了「引起意識的變革，復活，復興……」等關鍵字。

此外，二〇一二年發行的這本書中，不知是否意識到三一一大地震，書中寫著「受到自然災害影響，從變故開始走出新的人生」這句頗令人玩味的話。

無論如何，從一度失敗的地方再一次復活的形象相當強烈。在實際占卜之中，使用「復活之愛」等按照字義解釋的部分也很多。

但是，這個末世論的形象，對日本人來說應該是很難以了解的吧！話說回來，日本人認為世界並不是被創造出來的，而是「自己生成」（自然）的產物，時間也被認為是循環的。雖然有變化，卻不是直線的、階段性的朝向結束發展。

另一方面，從死亡之中復活的插畫，出乎意料的大量出現在故事之中。我認為是在立花隆的《瀕死體驗》（一九九四，文藝春秋發行）蔚為話題之後，才開始有

描繪最後審判的古木版畫的例子；天使吹著喇叭，死者復活

訴說從瀕死之際復活的人們的實際體驗。事實上，對於我的祖母那個世代的日本人來說，本來就有理所當然似的說著「從三途川河邊被遣返回來」的人。

這個「生」與「死」的分界，和基督教世界中想像的東西有一點不同對吧？我認為希臘神話比較接近於日本的感覺。

來自無意識世界的聲音

在希臘神話中有一段詩人奧菲斯為了挽回他過世的妻子歐律狄刻而下地獄的故事，另外也有大地女神狄蜜特為了拯救女兒泊瑟芬而下地獄的故事。

試著從心理學的角度來看，所謂的地獄就是指黑暗無意識的世界吧！這裡內含了所有生命與死亡的原理。那是我們來到此地，最後回歸的地方。從那裡，可以聽到某種呼喚聲並且真實出現。或許那是帶來不幸的東西，亦或是帶有燦爛輝煌的可能性。

然而，當這個「聲音」（＝Call）出現的時候，人們無法文風不動。你會從自己的腳邊，或是從大地呼喚出某種東西並且走了出來，也可能會跳脫出來重生也說不定。

21

世界

The World

出現這張卡牌時，請你先放心，你現在處於一個即將達到最佳顛峰的狀態，你也可以感受到自己會以某種滿足的形式畫下句點這樣的預感吧！但是，沉浸在喜悅之中的時間是很有限的。達到巔峰這件事，也表示存在著下降的危機。你自己築起了「自我滿足」這道牆，希望你以強烈的意志跨越它。在那之後，下一個目標和全新的考驗，以及明顯成長後的自己在等著你。

SYMBOLS of The World

A 四個角落的生物

位於世界這張卡牌四個角落的牛、老鷹、人、獅子這四種生物，被稱為 Tetramorph，在聖經的傳統中被視為神聖的生物。他們分別代表新約聖經的作者路加、約翰、馬太、馬可，集合這四種生物，呈現世界的整體風貌。此外，這四種生物也被視為與誕生世界構造的「固定宮」相連結。牛代表金牛座，老鷹是天蠍座，人是水瓶座，獅子則象徵獅子座。

B 裸體女性

也曾經出現在「星星」卡牌中，讓人聯想到榮格心理學原型之一「宇宙靈魂」的姿態。宇宙靈魂本身就是宇宙，也就是世界的化身，據說以前描繪的是耶穌基督的姿態。

C 曼多拉

圍成一圈包圍著女性的橢圓形植物，在基督教的美術領域之中，大多會在描繪神的時候作為背景使用，被稱為曼多拉（義大利文中「杏仁形狀」的意思）。

D 雙紐線

結合上方和下方以植物組成的曼多拉，有著代表無限意思的雙紐線。之前在「力量」卡牌也曾經出現過，請各位讀者留意。

STORY of The World
「宇宙」和「個人」的靈魂等級調和

正中央的人物擁有男女兩種性別？

位在卡牌的正中央，有一位包裹著布巾，看起來像女性的人物，手上拿著手杖看似正在跳舞。而在他的周圍有一圈杏仁形狀的橢圓圈（曼多拉），卡牌的四個角落可以看到人類、老鷹、公牛、獅子等四種生物依序排列。這個構圖到底蘊含什麼樣的意義呢？

依據大多數塔羅牌占卜師們的說法，中央的人物並不是女性，而是兼具了男性性和女性性的阿佛洛狄忒斯。

二十世紀的神祕學主義者亞瑟・愛德華・韋特指出，這個人物是接受了最高等級啟蒙的馬吉斯（智者、魔術師）。意思就是靈魂深化成功，達到最高等級的人物這樣的意思。依據一般卡牌的解釋，「世界」卡牌是象徵「完成」之意的「最棒、最強的卡牌」。

再來看看原版維斯康堤塔羅的「世界」，呈現的卻是與剛才提到的萊德韋特塔羅牌版本完全不同的設計。這個版本的「世界」出現的是兩位孩童姿態的天使們（布托）漂浮在空中，雙手支撐著球體。在球的裡面可以看到的是位在海中或山上的支配之城。此外，與原版維斯康堤塔羅版本幾乎在同時代推出的卡里耶魯維斯康提塔羅牌的版本中，畫面上半部是一名手持喇叭和明珠的女性，在她的下方存在著透過拱門區隔的人世間，還有描繪著航行在運河上的船隻和好幾座城池，以及旗幟飄揚的騎士。全部都是將現實存在的大自然與人類社會一同描繪出來。但是從馬賽塔羅牌開始出現了「世界」卡牌，一直延續到萊德韋特塔羅牌的設計。

塔羅牌的「世界」代表復活的耶穌？

現在，一般普遍版本的設計可以說是在馬賽塔羅牌時期幾乎趨近於完成。

那麼「世界」的設計又是如何誕生的呢？

被曼多拉包圍的人物，以及四個角落的生物，這樣的構圖本身在西洋美術之中是非常普遍的。

沒錯，這就是代表著復活後的耶穌，被釘在十字架上的耶穌復活之後昇天時的圖像，和塔羅牌「世界」卡牌的構圖非常類似。四個角落的生物被稱為「神聖的四種生物」（Tetramorph），出現在聖經的以西結書和啟示錄中。在基督教的圖像學中，也可說是象徵著馬太、馬可、路加、約翰等四位福音書作者。

深入探究之後越加感覺兩種設計有著相似之處，但是這裡出現了一個嚴重的問題。

耶穌是男性，但是塔羅牌的「世界」卡牌中央的人物，一眼望去看起來卻是一名女性！

在此之前從未將耶穌以女性的形象呈現嗎？倒也不是這樣。在基督教的信徒之中，似乎也有會將耶穌以「母親啊」稱呼的人。就像本來是男性的觀音，進入日本之後描繪成女性的姿態；或許這兩者之間存在著共通處。

木版畫塔羅牌中也有將「世界」的人物畫成耶穌的狀況

儘管如此，毫無疑問的耶穌是男性，然後被畫成女性這件事以教會的角度來看是非常嚴重的異端。

在一般的卡牌中添加這樣的教義，這是非常大膽的做法不是嗎？

人類靈魂和宇宙整體的靈魂相呼應

另一方面，大多數的塔羅牌占卜師們會將中央的「女性」解釋為「宇宙靈魂」。其中 anima 就是希臘語中「靈魂」（這是女性名詞）的意思。也是英文的 animal 動物和 animation 動畫的語源。如果是熟悉榮格心理學的讀者，應該知道「anima ＝男性之中的女性部分」這個專業術語。

在文藝復興時期的神祕思想中，不僅限是人類或動物，認為「宇宙整體」都有靈魂存在。這就是新柏拉圖主義和赫密斯主義的由來。人類的靈魂與宇宙整體的靈魂相呼應，並產生共鳴。占星術之所以有效，就是因為這個宇宙靈魂和個人的靈魂產生共鳴的結果。

「宇宙靈魂」指的就是整個宇宙的靈魂，這與「世界」的形象相符合。只是，困難之處在於這只不過是一種聯想、推測的程度而已，欠缺強而有力的證據。

我通常都將這張卡牌看成是「世界的靈魂」，占卜師和世界的靈魂合而為一之後才能看得出繼續生存下去的徵兆。換句話說，這也是和自身合一的生存方式。

過去榮格曾經說過「所謂的自由意志指的是，順從不斷進行的命運的一種能力」這段矛盾的話，但這恰好是「世界」卡牌的感覺不是嗎？調和宇宙整體的流動生存下去，這才是得以自我實現、個性化過程得以發揮效用的方式吧！

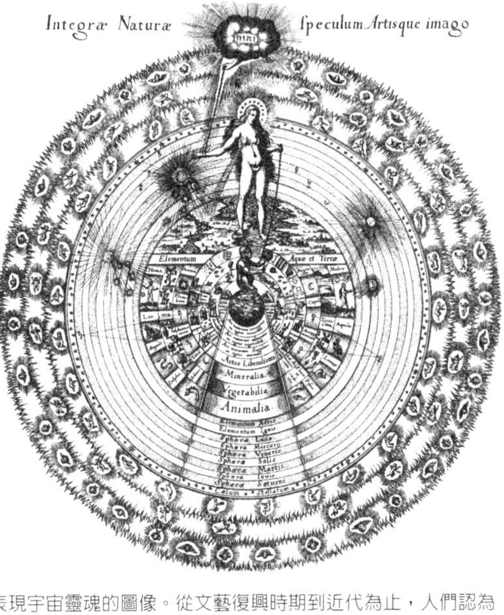

表現宇宙靈魂的圖像。從文藝復興時期到近代為止，人們認為這個世界本身就具有靈魂，而這個靈魂被畫成女性的姿態

COLUMN

何謂萊德韋特塔羅牌？

為了學習塔羅牌，首先你必須先買一套塔羅牌才行。現在透過網路購物等方式可以買到世界各地出品，精美的塔羅牌，而且只要前往大間一點的書店就可以買到附卡牌的精美套裝書；讀者可以隨心所欲自由選購。同時，收集塔羅牌也是一件很有趣的事，如果想要稍微享受一下占卜的樂趣，可以像挑選喜歡的文具那樣，去選擇喜愛的塔羅牌產品。

但是，如果你想稍微認真學習塔羅牌的話，手邊一定要準備的就是「萊德韋特塔羅牌」這個版本的卡牌。

這是二十世紀初期英國的魔法結社「黃金黎明協會」成員之一，亞瑟·愛德華·韋特（Arthur Edward Waite）進行監修，女性畫家潘蜜拉 · 卡門·史密斯（Pamela Colman Smith）所繪製的產品，這套作品應該是現今全世界最受大家喜愛的版本；本書主要的解釋也都是採用這套卡牌。

這款塔羅牌最大的特徵，就是將過往像撲克牌一樣只用記號構成的小阿爾克那全部畫成圖案卡牌。這個劃時代的創意，讓萊德韋特塔羅牌廣受全球人士喜愛。

包括各國語系版本和出版當時的復刻版等等，現在的萊德韋特塔羅牌本身也推出了很多不同種類的產品。而且，還有依據這款塔羅牌來製作出很多現代版的塔羅牌。（代表性作品包括《普及版萊德韋特塔羅牌 / Universal Waite TAROT® DECK》和《寶瓶宮塔羅牌 / Aquarian Tarot》等）

本書中刊登的萊德韋特塔羅牌的圖版，是世界級塔羅牌研究者夢然堂先生所珍藏的，稱為潘蜜拉 A 的珍貴原版圖。在此表達誠摯的感謝。

PART 2

MINOR ARCANA

小阿爾克那

小阿爾克那 MINOR ARCANA

「小阿爾克那」和大阿爾克那並列成為塔羅牌構成的要素。阿爾克那這個字的意思是「祕密」；所以「小阿爾克那」意思就是「小小的祕密」。如果這麼說，與大阿爾克那相比，讀者可能會認為小阿爾克那的重要性是非常低的，但事實上絕對不是這樣。

我已經在前面說明過，阿爾克那這個字是進入十九世紀之後才和塔羅牌結合的用語，以卡牌的發展歷程來看，現在談論的小阿爾克那歷史比較悠久。只是，與「死神」、「戀人」這類帶有強烈印象的王牌（大阿爾克那）相比，像撲克牌一樣透過數字卡牌呈現的意義，在進行聯想的時候是會有困難度的。而且，因為卡牌張數很多，被「擺在後面」也是不爭的事實。

小阿爾克那的基本組成是由56張卡牌所構成。至於組成的內容，依序可以將14張卡牌分成一組。包括權仗、聖杯、寶劍、錢幣這四個種類，相當於現在撲克牌中的梅花、紅心、黑桃、方塊。每一組卡牌包含了從Ace開始排列到10，以及國王、皇后、騎士、侍衛等四張人物卡牌。由此可知，構成內容與撲克牌大同小異。沒錯，除了增加一張人物卡牌之外，其他部分都相同。因為現在的撲克牌與塔羅牌中的小阿爾克那其實是兄弟關係。

本書中所採用的圖版是進入二十世紀之後（正確是在一九〇九年）英國的神祕學主義者亞瑟・愛德華・韋特，以及女性畫家潘蜜拉・卡門・史密斯繪製的「萊德韋特塔羅牌」。看了這套卡牌就知道，他們將56張小阿爾克那全部繪製成圖案卡牌。或許，你會覺得跟一般的撲克牌完全不同。

但是，最早這些被稱為小阿爾克那的塔羅牌，其實是沒有圖案的。在此我想向各位讀者介紹現存最古老、十五世紀的義大利塔羅牌，以及在萊德韋特塔羅牌推出之前普及的木板畫塔羅牌。如果以寶劍為例，和撲克牌的黑桃3一樣，卡牌上只是排列著三支寶劍而已。但是在萊德韋特塔羅牌中，三支寶劍刺在紅心上，轉變成印象派的繪圖。由於寶劍3在塔羅牌占卜中代表悲傷和傷心，這簡直就是將占卜上的意義，直接反映在繪圖表現上。

其實這就是萊德韋特塔羅牌劃時代的特點。如果使用以往的數字卡牌來占卜，除了強記每張卡牌的占卜意義之外，別無他法。要完全記住56張卡牌的意義，難度其實非常高。（按照傳統，必須依據卡牌呈現正位或逆位時進行不同的判讀，這一點更是困難。）這一點成為在使用78張塔羅牌時的重大阻礙，但是萊德韋特塔羅牌已經全數置換成象徵性的圖像，讓使用者更容易看圖說故事。

這跟塔羅牌的小阿爾克那的意義又有著什麼樣的關係呢？

我可以想到的發展歷程有二。首先就是，萊德韋特塔羅牌也隸屬其中，十九世紀末期至二十世紀初期英國的魔術結社「黃金黎明協會」的教義。這個組織，將塔羅牌與猶太密教中的卡巴拉宇宙圖、生命樹相結合。這個圖形被視為是顯示宇宙構造的設計圖，由10顆球和彼此之間相互連結的22條路徑組成。每一顆球分別代表唯一的神，擁有各自不同的屬性，相當於小阿爾克那的數字1到10。此外，國王是男性原理的2號球 Chokhmah；皇后是顯示女性原理的3號球 Binah；騎士是顯示調和的6號球

Tiphereth；侍衛則是代表這個世界的10號球Malkuth。分組的部分，權杖是火，聖杯是水，寶劍是風，錢幣是地，這些也分別對應到卡巴拉的四個世界。小阿爾克那的意義，就是透過這種方式被展現出來。

只是，相信很多人還是無法明白解釋這個體系，因而感到痛苦吧！於是「黃金黎明協會」運用以前傳統卡牌占卜的傳統，讓它成為混合型的產品。這個解釋可以追溯至十八世紀法國的卡牌占卜大師亞提拉的著作，這部分的歷史發展軌跡再找機會另外進行說明。

本書僅透過萊德韋特塔羅牌的圖案，擴展卡牌的印象，希望可以深入解釋小阿爾克那。也期盼這些說明，可以引導你歸內出屬於你自己的解釋方式。

小阿爾克那含意一覽表

我常聽到讀者反映，因為小阿爾克那的卡牌張數眾多，相當很難使用。在此，為了增加讀者對小阿爾克那的親近度，我試著將成為記憶重點的關鍵字整理出來。

請務必將小阿爾克那加入你的占卜行列中。

SWORDS 寶劍	PENTACLES 錢幣
萌生客觀性	嶄新的生存方式
保留不做出判斷	享受彼此的互動
別離的傷悲	收穫的喜悅
冷靜的思考	擁抱財富
了解對方	苦澀的羈絆
踏上嶄新舞台	分配財富
短期內獲得	下一個階段
超越極限	努力與忍耐
不安的情緒	滿足的時間
對現實感到不滿	維持幸福
嶄新的方式	機會到來
一邊思考一邊採取行動	最初的收穫
依經驗判斷	扎實的行動
智慧的魅力	強固的地位

	WANDS 權杖	CUPS 聖杯
ACE	強制地展開	純粹的心意
2	對冒險產生猶豫	充滿緊張感的關係
3	最初的成果	公認的關係
4	共享喜悅	失去新鮮感
5	出現嫌隙	失去的痛苦
6	超越群雄	給予的喜悅
7	謹慎面對挑戰	墮入幻想中
8	急速再啓動	放手的勇氣
9	戰鬥的前夜	成功與不滿
10	磨練後的重大成功	心中感到富足
PAGE 侍衛	熱情的新人	純真的青年
KNIGHT 騎士	朝目標全力邁進	訴諸於情感
QUEEN 皇后	發揮力量	母親的包容力
KING 國王	強力領導者	寬大的父親

I 事物開端的純粹能量

ACE of CUPS

ACE of WANDS

ACE of PENTACLES

ACE of SWORDS

一般而言，小阿爾克那象徵具體的事情，但ACE稍微有點不同，甚至可以說是抽象的能量。ACE就是1，象徵事物的開端。作為神祕主義哲學依據的新柏拉圖主義和卡巴拉之中，存在著稱為〈流出說〉的世界觀。從純粹的「光的存在」開始，光線「流出」後一邊變淡（或是變粗糙）一邊轉化為物質。ACE就是象徵剛開始流出的那個時間點的純粹狀態。

SYMBOL of Ace

權杖ACE

象徵「火」的權杖，是火、地、風、水這四個元素中最純粹的能量體。權杖ACE顯示純粹的能量現在即將噴發出來，也可說是推動宇宙和世界的動力，生命力本身的具體呈現。換句話說就是「讓事物順利展開，並且推動它的強大能量」，或是「健康和生命力，憑藉熱忱解決事情的力量」。

這張卡牌暗示，你不會採行複雜的作為或方法，而是採取正面衝撞進行對決的姿態或狀況。

聖杯ACE

聖杯ACE雖然也是指流出時最早的時間點，但這股能量是象徵感情與愛情、溫柔的「水」。這張卡牌表示純粹的內心能量開始變動；比方說，初戀。儘管對自己在意那個人感到困惑，但胸口還是會感受到一股激動；蘊含有這樣的心境。

當然，這種情感並不侷限於戀愛，也可說是單純地嚮往某個事物，深深被對方吸引。這張卡牌顯示，從純粹的意念發展出來的東西，就這麼順著潮流變動的意思。

寶劍ACE

寶劍是用來「切斷」東西的工具，也是「分享」的道具。比方說，讓我們受惠良多的近代西洋醫學就是從英文字Anatomy，也就是解剖學開始的。手術刀是寶劍的一種，因為使用它「切開」人體，促成了醫學的突飛猛進。

此外，在中世紀的宮廷戀愛中，騎士與貴婦必須共度一晚的時候，騎士會把劍放置在兩人中間。這是一線之隔，發誓不會超過的意思。也就是劃清「界線」，冷靜地做出判斷，不偏向任何一方，也不會輕易洩漏自己的心情；寶劍就是如此強烈的象徵。

寶劍ACE代表，自己依據與某個東西切割後客觀性展開的人事物，或是透過明確思考之後展開的人事物，以及在追求正義與公正之下所展開的人事物。

錢幣ACE

人類透過象徵土地的肉體存活著；雖然「金錢不是萬能」，但是金錢是活在這個世界上必備的東西。經濟與我們賴以為生的食物、水、能量結合，成為進行交換的媒介。錢幣卡牌就是這類物品的象徵；一言以蔽之就是「現實」，包括「品嘗食物」、「性愛」、「活動身體的快樂」等，如果缺乏「錢幣」所象徵的物質性，根本無法獲得這些東西吧！錢幣ACE顯示，以全新的方式面對自己的身體、工作、金錢等「物質」。或許是新的工作內容，或許可能產生支撐自己身體的嶄新生存方式。

2 of CUPS

2 of WANDS

2 of PENTACLES

2 of SWORDS

II

透過一分為二，誕生的東西

2不是單純作為數量的2，還包含了雙重的（twoness）、兩性的意思。試著想像受精卵；維持原狀的話還「沒有任何改變」，但是當它分裂為二時，所有的「事情」都衍生出來了。對立、共存、調和、客觀性、相互認識等，所有的一切都在此時誕生。因此2是極為矛盾的，如果是一切都很充足的1，這個世界就不會產生煩惱和問題了。2所衍生出的「分裂」這股力量，是極端男性的象徵。

SYMBOL of 2

權杖2

權杖2代表火的能量相互抵觸；卡牌上描繪的是貌似商人的男性，單手拿著地球眺望遠方。可以解讀為他企圖得到全世界，因此他的視線朝向遠方的大海。象徵對現今世界的執著，以及對遙遠世界的憧憬之間產生了矛盾與衝突。現代美國的代表性塔羅牌占卜師瑞秋．波拉克（Rachel Pollack）認為，這意味著「安全與冒險之間做出決擇」。

當出現這張卡牌時，可以解讀成雖然有某種開始強烈行動的事物，另一方面，也有一股企圖封鎖它的力量存在。如何看待這時產生的衝突，是件很重要的事。

聖杯2

這是一張象徵「愛」的卡牌；卡牌上也畫著男女互相凝視對方的景象。但是，這張卡牌是2，互相凝視對方的視線之中也含有對立的要素；自己和對方較勁，思考自己和對方有何不同之處。這張卡牌顯示，某種關係開始展開，以及相互之間強烈吸引的意思。另一方面，也讓人感覺到緊張的氣氛。

寶劍2

寶劍所象徵的「知識」是「剖析」事物的思考能力；2是將事物切斷後第一個出現的數字，也顯示出動態的動作。這顯示將兩者進行組合，剛開始舞動寶劍（知性）的時候，產生的猶豫和沉重的壓力。揮舞寶劍的時候，不得不閉上情緒性的眼睛，一邊感受著寶劍的重量，一邊保持支撐它的力量。出現這張卡牌時，或許你對於你所做出的判斷感到猶豫不決。冷靜下來，盡量躲在自己的世界裡。現在不是採取行動的時候，而是把重心回到自己身上，思考該如何揮舞這把寶劍之時。

錢幣2

類似小丑的人物，使用兩枚硬幣進行雜耍表演。象徵物質的「錢幣」進入2的階段首次開始移動，因而產生了交換。

有趣的是，這是「一個人的把戲」這件事。這個交換並不會累積財富，而是為了交換而交換；人們在交換的過程中感受到喜悅。即使是沒有使用價值的東西，只要用心，還是可以找出交換這件東西的意義所在。錢幣2是「無限大的交流之舞」，表現出交換這件事的價值。這張卡牌顯示的是，進行語言或價值等軟性的交換。此外，為了不要產生不公平的狀況，還必須一邊維持絕妙的平衡，一邊進行對應動作。

III

最初給予的「形象」和「成果」

3 of CUPS

3 of WANDS

3 of PENTACLES

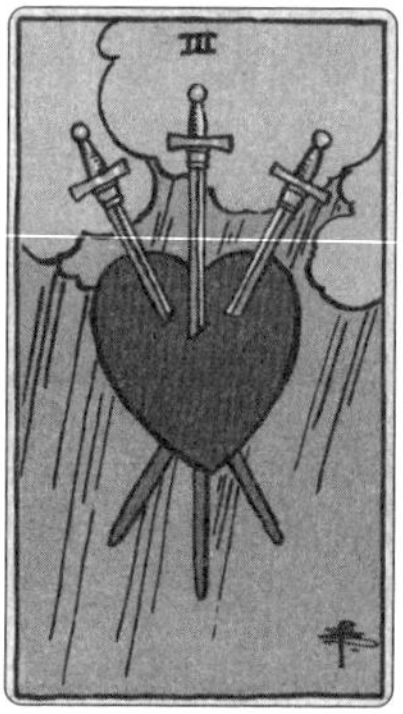

3 of SWORDS

3包括基督教的三位一體在內，可說是極為重要的數字。依據畢達哥拉斯派的解釋，也可能是男性(1)和女性(2)的結合，進而解釋為結婚的意思。如果以辯證法則來說，陽與陰結合後也可能會產生出新的東西，因此3也具有產生「創造性」和「初步的完成」等意義。在卡巴拉中，3相當於生命樹的第3號天球Binah（理解）；與「偉大的母親」有關，是賦予「形象」之處。

SYMBOL of 3

權杖3

權杖3的卡牌上畫著一位穿著寬鬆服飾的人，站在斷崖邊俯瞰著海洋。權杖的強烈能量，如果轉換成「形象」進行解釋的話，眼前可以看作船，它是第一個成功的標記。投資出去的能量，載著第一批貨物返航入港；這張卡牌就是代表第一個成功的意思。首先，你可以感到高興，即使之後還有很多事情必須去做。總之可以說，到目前為止的努力、付出得到了成果。這是一張特別能夠顯示與商業行為有關的卡牌。

聖杯3

聖杯3顯示「情緒」形成了「第一個形象」。聖杯2顯示戀愛最早期的階段，3則是又更進一步發展，穩定並緊密地結合在一起。情侶不能只活在兩人世界中，因為人們隸屬於包括家族和社會等更大的世界之中，必須被社會認同才行。這張卡牌中有三位女性正手牽著手跳舞，這是在希臘、羅馬的傳統圖像中被稱為「三美神」Grace的畫面。充沛的情感，來自周遭的祝福，顯現帶來愛的力量。此外，也可能暗示「結婚」和「懷孕」。

寶劍3

3把寶劍貫穿了心臟；這是在萊德韋特塔羅牌的小阿爾克那中，看起來極為恐怖的圖像之一。悲嘆、感傷、喪失等形象，即使你不願意還是會浮現出來。寶劍相當於「風」這個元素，本來就是「分割」的記號。因此這張卡牌象徵，當你知道這個世界被「分割」和「分化」時，打從心底有著最原始的悲傷。父母親不得不離開自己的孩子，你必須和其他人分離；以佛教用語來說就是「生離死別」之苦。但是，其中也有讓人「獨當一面」的另一個解釋。雖然這是象徵別離與分離時感到感傷與不安的卡牌，卻也表示如果可以接納這一切，就能成長為大人。

錢幣3

描繪匠人們與教會建築相關的部分。歐洲的建築是匠人們的精心傑作，而且這些歐洲古老建築物是用「石頭成功打造」的。其中含有巧妙運用自然素材（石頭）的人，這個象徵性的意義；錢幣相當於「地」的元素，象徵物質。這張卡牌顯示，當2誕生的物質性，變成可以使用3進行操控的狀態。顯示工作或學習方面，展現出第一份成功和成果。

剛開始果實可能很小，但是如果將收穫時的喜悅蘊藏在自己的心中，應該會成為今後支撐你的一股力量。

4 of CUPS

4 of WANDS

4 of PENTACLES

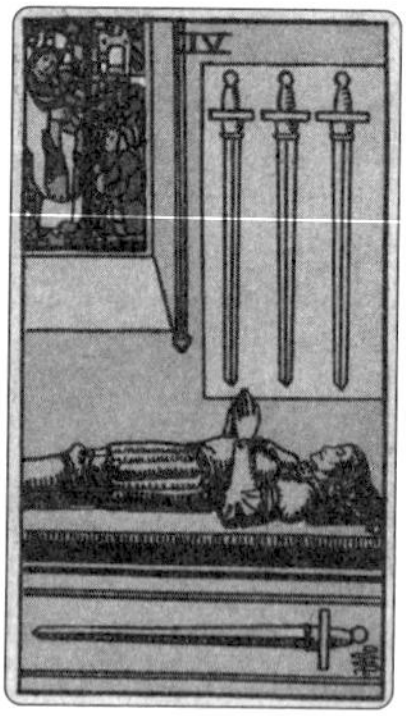
4 of SWORDS

IV

具「整體性」，榮格也注目的4

這個數字在日本、華人地區，因為會讓人聯想到「死」，所以給人不好的印象。但是在歐洲，4代表著4大元素和4個方位等，象徵這個世界有著平衡的數字。心理學家榮格特別重視4這個數字；當他發現當大多數患者取回心靈平衡的同時，都會在夢中看見由「圓和十字」所組成的曼陀羅。十字是指向四個方位的意思，這個4象徵心靈的整體性。

SYMBOL of 4

權杖4

以城堡為背景，兩位人物高舉雙手展現出喜悅的模樣。背後是看起來很幸福的人們，權杖則構成了一道美麗的拱門。從權杖1開始展開的計畫，到了4的時候會穩定下來並產出成果。獲取成功的計畫，不僅是自己一個人，也連繫了包含家人在內，許多人的喜悅。不管你實現什麼樣的野心，單獨一個人是無法導向成功的。那是一種與某些人相關的喜悅，會有想要互相慶祝的心情！出現這張卡牌時，似乎可以和別人一同慶祝；也顯示受到神祝福的婚姻。

聖杯4

男性的眼前有三個杯子；雖然遞出了第四個杯子，但是他並不打算伸手去拿。這與感情面的「安定」和「完成」不相吻合。杯子象徵水，為了讓水流動，必須先找到沒有水之處，再讓水流過去。不過，這張卡牌顯示的是「很滿、不堪負荷」的狀態。即使看到了新的可能性也無法伸手去拿的狀況，或是連一根手指都無法動作的狀態。讓心靈維持「八分滿」是件非常重要的事，感到厭倦是最可怕的狀態。這張卡牌顯示的就是，應該如何面對「厭倦」，並且度過這個難關。

寶劍4

在看似教會的地方，騎士橫躺在地上。雖然可以解讀成這位騎士已經過世，但是對死者來說，將兩手放在胸口上這個姿勢，應該無法做到。所以這應該是沉浸在冥想之中，或是身心呈現休息的狀態。大腦經常進行各式各樣的思考，一刻都不得閒；但是我們有時候必須安靜下來，才能聽到寂靜的聲音。寶劍４，象徵的就是這種冥想的知性狀態。騎士的手中並未握著劍，他在「安定」的狀態下思考使用方法。處在被大量資訊包圍的現代，我們總是隨時處在被名為訊息的劍，切斷、阻礙思緒，這狀態會讓人感到疲憊。所以有時候，必須在聖域裡讓自己沉浸在寂靜之中。

錢幣4

頭戴皇冠的人物（卻沒有國王或皇帝的威嚴），緊緊地懷抱著四枚錢幣。這是從錢幣 ACE 開始的物質成長，順利迎接完成點的狀態吧！一直以來，一點一滴日積月累的東西，為了不被別人奪走而開始「守護」它。但是處在「守護」的狀態下，卻無法預期經濟面和精神面的成長，這也是不爭的事實。經濟和物質都是一種生命；手中的「種子」透過「資金」進行播種，讓他們「增生」。如果不採取行動的話，經濟就「無法輪轉」。雖然已經嘗到收穫、東西到手的滋味，但冷靜下來很重要，而且如果停滯、占有，不讓物質再次轉動的話，心靈或是物質層面又會再次回到貧乏的感覺。

V

破壞安定，究竟是吉還是凶？

5 of CUPS

5 of WANDS

5 of PENTACLES

5 of SWORDS

大部分人都將小阿爾克那的5，看成是不吉利的卡牌。從1開始的東西，在2的時候呈現出最早的動作，在3的時候原則上呈現了完成的狀態。至於到4的時候動作停止，呈現安定的狀態。大家可以看出，從1到10為止，5剛好是折返點，然後再次打破安定的狀況。可以預期，接下來會以某種暴力的形式，發生激烈的爭鬥。儘管如此，一切也未必都是壞事。打破停滯狀態，也算是一個好消息。

SYMBOL of 5

權杖5

卡牌上畫著，男士們手持棍棒不斷重複進行戰鬥的場面。這場戰鬥使用的武器是棍棒，而不是手槍或刀劍。這只是透過肉體進行的肉搏戰，不管處於何種和平的狀態下，最後都會產生裂痕，引發各式各樣的衝突。這應該就是5的狀態吧！有可能是內部分裂，也可能意味著因無法滿足現狀，對於是否展開新事物產生迷惘而起衝突。總之，對你來說，現在或許有敵人存在，但也可能衍生出嶄新狀況，或有轉圜之鑰也說不定。

聖杯5

卡牌上的人物，似乎很悲傷地凝視著倒在地上的杯子。雖然在4的時候，似乎對給予的杯子懷抱著不滿，但是到了5，杯子本身卻倒在地上，裡面盛裝的東西也都灑了出來。這或許表示，你實際上因為失去了某些東西而感到難過。不過，背後至少還殘存著兩個杯子；你並不是失去了一切。5的暴力性足以從你手中奪走些什麼，或許會讓你感覺失去一切，一無所有。但是即使是這種時候，還是有杯子殘留下來。「你心中的水並不會這麼簡單就枯竭」，這就是這張卡牌想要告訴你的。

寶劍5

二十世紀的塔羅牌占卜之母艾登．格雷等人，賦予這張卡牌「透過肉體的、惡質的力量進行強權統治」這樣的意義。從男子的表情可以看出，他有完全壓制對手時的冷酷無情。這雖然是一張令人感覺不舒服的卡牌，但從這裡必須學習的是，這個世界果然還是有不平衡的一面。最初先壓制對手的那一方，之後也會落到完全相反的狀況。出現這張卡牌的時候，首先得相對衡量自己的能力，判斷自己應該採取什麼行動，這是很重要的。「了解自己，了解敵人，了解環境」是最重要的戰術。透過這張卡牌告訴我們，有時撤退也是一種勇氣。

錢幣5

這裡參考的是，被譽為是當代第一的塔羅牌占卜大師瑞秋·波拉克的解釋。依據《塔羅牌聖經》（タロットバイブル／二〇一二年，朝日新聞出版）書中提到，這張卡牌是種姓制度下，被歸類為賤民的一群人，因此也象徵著「透過苦痛相互串連的關係」。單親家庭或是性別少數派等，受階級化影響而進行串連的力量，有時也會成為強大的療癒力量。但是如果過度「同病相憐」的話，又會被其他階層或同種族的人孤立，或在無意識之間阻止他人加入。種族間無名的憤怒也會成為能量的來源，這能量如果不用在較有建設性的方面，對自己來說反而是一種毒害。出現這張卡牌時，平衡的拿捏變得很重要。

VI

6意味著「調和」和「不平衡」

6 of CUPS

6 of WANDS

6 of PENTACLES

6 of SWORDS

傳統的6具有調和的意思。但是，現代的塔羅牌代表性研究者瑞秋．波拉克認為，她可以在所有萊德韋特塔羅牌中6的卡牌，看到某種「不平衡」。在「權杖6」，只有一個人騎在馬上，其他人則是徒步移動。在「聖杯6」更可以清楚地看到年長的孩童和年幼的孩童之間的對比。寶劍、錢幣中，也同樣可以看到這種動態的「不對稱性」。

SYMBOL of 6

權杖6

權杖6的卡牌中，畫著一名頭戴月桂冠的人物騎在馬上，精神抖擻地向前行進。抽權杖5是從某種群雄割據的狀態下獨自脫身，足以發揮身為領導者實力的狀態。抽到這張卡牌的時候，可以很有自信、自滿地讓事物順利推展。但是因為這樣，除了你之外的其他人就成為「追隨者」了。如果不對這件事提高警覺，之後狀況可能會變得很痛苦。

聖杯6

在聖杯6的插圖中，年長的女子將裝著花的杯子，交給了年幼的女子。這裡除了顯示「贈與」的喜悅之外，也可以想成是在誇耀某種優越性。波拉克指出，對孩提時代的固執，會演變成隱蔽過去或逃避現實的狀況。然而，如果採取正向的解讀方式，這個聖杯6是無關損益，希望將擁有的東西贈與他人的心情，或是送禮給沒有利害關係的人，展現出希望對方感受到喜悅的純粹，如此的心情而已。不過，因為禮物有時候會造成對方的負擔，讓送禮也變成是一種「攻擊」行為。但是，如果收到對方的「回禮」，就會產生動態的平衡。從這張卡牌中，可以看到這種複雜的迴路，一種讓世間人際關係得以輪轉的暗示。

寶劍6

船夫一般的人物，划著被劍插滿的小船向前進。船上有兩位表情悲傷，圍著布巾的大人和小孩。這張卡牌怎麼看，都像是出發前往死者的世界。希臘神話中，有位名為卡戎的船夫，負責將死者渡過冥河送往冥府世界。韋特將這張卡牌賦予「船的旅程」這個一如字面意義的解釋。考量到寶劍代表著知性，這不就意味著「跨越」某種思考框架的意思嗎？某種程度上，代表過去的自己已然死去，啟程前往嶄新的世界。通常出現這張卡牌時，可以和平常很難溝通的人順利溝通。此外，你也可能真的展開一趟旅程。

錢幣6

貌似商人模樣的人物，手中拿著天秤，施予貧窮者金錢。這代表著社會上財富重新分配的意思吧？可是，擁有者也並非擁有無窮盡的財富，在考量社會財富該如何分配的前提之下，公正的天秤變得相當重要。這時就該進行貧富差距之間導正；另一方面，也可看出差距並未縮小。從接收方來看，不管得到了什麼，有時候還是不得不向人低頭。出現這張卡牌時，或許就是你必須將自己所擁有的有形或無形的東西，交給某人的時候。或是狀況相反過來，你必須以謙虛的心態向其他人拜託什麼事。

VII

理想的結果就在前方

7 of CUPS

7 of WANDS

7 of PENTACLES

7 of SWORDS

如果以數秘術來說，7是個「魔術數字」。像是七大行星，一周有七天，世界的七大奇蹟等，以7為關鍵字的形象存在於世界各地。由於前一個數字6是3的倍數，象徵著調和、完成的意思。個人覺得，它的下一個數字7則是存在著再次、重新檢視已經完成的東西這樣的概念。現在就回頭檢視目前的狀態，分析自己已經掌握的有利和不利的事情吧！

SYMBOL of 7

權杖7

這張卡牌上描繪的人物，雖然站在有利的立場，但是所處的高度並不是那麼高，也並非位在堅固的要塞內，甚至可以看出他腳邊的地面並不是非常平整，是處於隨時都可能跌落的狀態。個人深深覺得，這張卡牌表現出了在現代社會中工作的人們，還有不得不隨時採取行動的意思，從中也可以看出緊張的氣息。當權杖7出現的時候，有必要抱持著某種覺悟，去面對某件事情。如此一來才能確保你現在的立場，順利進入下一個階段。

聖杯7

現在，就算出現了你認為很棒的事情，也只不過是你自己想像出來的海市蜃樓罷了。特別是在戀愛這方面，最好多加留意，而且對自己的判斷角度，最好稍微客觀一點會比較好。但是，不管哪一種卡牌都有好的一面。比方說，當湖面上起霧的時候，從起霧的玻璃窗向外看去，景色看起來感覺比平常更美對吧？在現實生活裡，事情透過些許柔焦處理之後，普通的景色也能見到美麗的部分。透過圖像也可以感受到美好的事物，但只要不深陷其中、無法自拔，相信一定也會出現有趣的事。

寶劍7

知識和經驗是無法被「偷走」的！只有當事人實際體驗過的事情，才能夠成為他自己的經驗。正因為如此，這張卡牌上描繪的人物也一樣；他打算偷走所有東西，卻遺漏、忘記帶走了兩樣很重要的東西。從這張卡牌可以看出，匆忙地吸取經驗和知識時的優點和缺點，以及狡猾地得到某種東西時所必須付出的代價。但是，如果你已經將這件事考慮進去的話，處在這個匆忙的現代社會，這或許不會構成問題。此外，還有必要考量的是，獲得某種利益時的速度感，以及伴隨而來的好處和壞處。

錢幣7

這是一張非常奇特的卡牌。看似農夫的男子，一直凝視著結實累累的錢幣。你會如何解讀這個人的表情呢？啊……只有這麼一點吶！是這樣的解讀嗎？或是「已經有這些成果了！」而得到滿足感嗎？不管是哪一種，從6轉換到7就會伴隨著下一個任務或行動。結束了一項工作，你現在處在思考下一步的階段。一邊回顧著目前為止的過程，專注現在，不管好事、壞事都全盤接受，並朝著下一步邁進。如此一來，各式各樣的經驗、事物，才會真的成為屬於自己的東西。

VIII

放棄一直以來累積的東西的時候到了

8 of CUPS

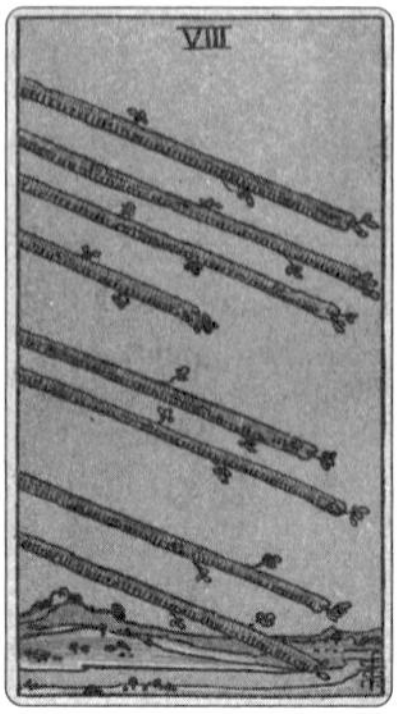

8 of WANDS

8 of PENTACLES

8 of SWORDS

由於8是象徵物質本身的4（代表4大元素）的倍數，顯示建構在現實基礎上的某種東西。但是這也表示，你必須放棄自己到目前為止所擁有的某些東西，而且不得不從頭來過。占星術中，第8宮也是代表「死亡與重生」的宮位。另一方面，在卡巴拉生命樹的傳統之中，8相當於象徵「榮耀」的Hod，Hod在占星術中代表水星，是充滿知性的行星。

SYMBOL of 8

權杖8

塔羅牌占卜大師瑞秋・波拉克，特別將焦點放在萊德韋特塔羅牌之中，這張唯一沒有人物出現的卡牌的這一點。這或許意味著，沒有人為的嘗試，也與任何人的意圖無關，狀況本身就可以自行產生變化的意思。在傳統的占卜之中，這張卡牌表現出迅速且持續不斷發生變化的意思。

對我來說，個人比較在意這些「棍棒」究竟朝向哪一個方向移動。如果感覺是往上飛的話，就是朝著好的方向發展的狀況。如果覺得是向下移動的話，則是某個東西往「著陸」的方向移動的意思。雖然你得面對令人眼花撩亂的變化，感覺很辛苦，但也因此接收到新鮮的刺激。

聖杯8

任何東西都有潮起潮落、高潮低潮。這裡暗示你必須放棄目前擁有的東西，朝下一個階段邁進的時候到了。你自己也感受到已經盡了全力，做到最好的感覺對吧？但是，現在放手實在太可惜，反而讓你處在不肯放手的狀況，這也會讓你感到寂寞對吧！但是，鬆手放開，這個「寂寞」的勇氣，是現在的你必須具備的。

狀況就是，如果維持現狀，就會停滯不前。你必須確立某些事，也有必要更進一步，在其他領域累積階段性的經驗對吧！

寶劍8

一名女性被蒙住雙眼，綑綁著，再加上四周被寶劍所包圍，讓她處於動彈不得的狀況。這個形象和面對占卜時大多數的狀況不謀而合，不是嗎？自己看不到應該往哪個方向採取行動（眼睛被蒙住）。不，雖然知道多多少少可以移動（因為腳沒有被綁著），但是因為害怕而不敢移動，加上看起來似乎伴隨著危險（四周被寶劍包圍）。或許，你處在一種覺得自己什麼都不能做的狀態中。

但是，我認為這種狀況在漫長的人生之中是必須存在的。當你感受到能力的極限，然後採取實際行動，進而激發出自己全新的一面，就能培養獨立自主的心態。除此之外，讓自己被綁住、受禁慾主義限制，就能讓你的注意力集中在一件事情上。

錢幣8

看到這張圖的時候，可以了解這是像工匠實習生一般，拚命鑄造錢幣的模樣。除了可以看出這個人的作品只有「一件」之外，也可以看出他的技巧尚未純熟。我們可以說，錢幣所擁有的物質性，和8本身讓事物定調的力量，兩者合而為一。也可說是，具有水星所擁有的知性訓練那層意義在。這就是透過不斷磨練技巧，讓自己投入修練狀態的意思。

每次看到這張錢幣8的卡牌，我總是體悟到，每天的鍛鍊和持續不斷的累積是非常重要的，這同時讓我感受到學習的機會降臨。

IX 朝向成熟發展中的數字

9 of CUPS

9 of WANDS

9 of PENTACLES

9 of SWORDS

9是一個非常特別的數字。換句話說，個位數字中9是最大的數字，要達到10這個「增加一個位數」的目標已經近在眼前。東方社會中也有9，也是「陽的最極致狀態」的說法。這是因為基數是陽，偶數是陰，所以產生了這樣的解釋。在西洋的數秘術中，9包含了所有數字的要素，被認為是成熟的數字。因此塔羅牌中的9也有已經趨近於成熟，朝向完成的體制發展的要素存在。

SYMBOL of 9

權杖9

火雖然是非物質性能量的象徵，但在神祕學中，它被認定會逐漸朝著物質方向結晶化。也就是說，構想和能量會逐漸實現成真。處在被竹籬笆包圍的圓圈中，火的能量更加聚集。你現在處在創意和熱情最濃縮的階段，所以，在這個時候絕對不可以讓多餘的訊息或想法進入；這就是圖像形成「防衛」形象的原因。這張卡牌顯示，在充滿張力的狀況下處於防衛狀態，更進一步也表現出你的內心在爆發之前，充滿了能量。

聖杯9

一般來說，只要出現這張卡牌，你的願望就會實現。這是在占卜狀況下，最令人開心的一張卡牌。但是，我們試著看看這張卡牌的圖樣。肥胖的男子雙手抱胸，坐在排列著杯子的基座前方；這裡也浮現出了「防衛」的形象。雙手抱胸是表示，不願意敞開心胸的身體語言。

在感情和愛（杯子）來到成熟的狀態（9）時，這張卡牌呈現的形象卻是截然不同的。經濟面向的成功和精神層面的成熟，不一定會成比例。表面上享有成功，但如何充實精神層面並達到心智成熟的階段，更是一項重要課題。

寶劍9

坐在床上的人物用手摀著臉不斷悲嘆，他的背後有九把劍。這張卡牌究竟象徵什麼意義呢？如果只是單純看這個圖案的話，我們可以解讀成無法成眠的夜晚，或是作惡夢而在深夜嚇醒之類的結論。

瑞秋．波拉克將焦點放在這個人物身上蓋的棉被，還有上頭所描繪的星座和行星的記號。波拉克表示，其中顯示出這個人物受到宇宙的真理守護，但「夜晚也睡不著」的時候，狀況就比想像中的更加惡劣。如果可以免去這層不安，人生一定會變得更美好。出現這張卡牌的時候，雖然絕對無法處在樂觀的狀況之下，但要注意，不要讓黑暗的妄想無限擴大，這是很重要的。

錢幣9

一般而言，這張卡牌被認為是，象徵自己的控制度變好，自律的意思。這個圖案顯示，對於自己的力量有著沉靜的自信。雖然鳥兒隨時都在空中飛翔，但是因為很舒服，所以開心地停下駐留；圖中的女性也很歡迎這位崇尚自由的生物。

這張牌顯示，你處在經濟面自立的狀態，有著符合心靈安定與行動自由兩者都能兼顧的條件。雖然尚未達到獲得永續性自足、自由的狀態，但身處其中還是可以感受到舒適感。

10 of CUPS

10 of WANDS

10 of PENTACLES

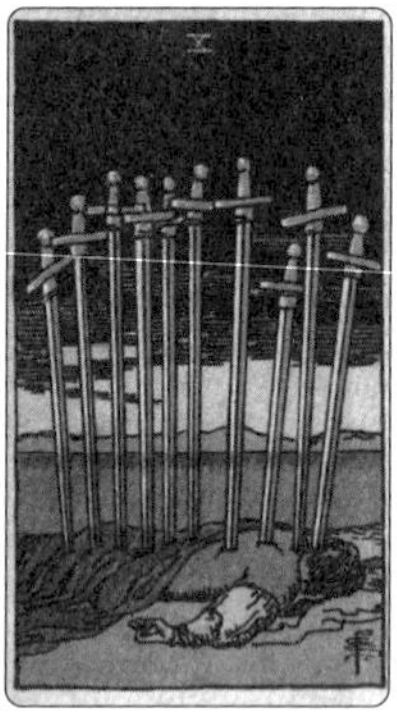

10 of SWORDS

X

想法達到最大值，並結晶化

10是小阿爾克那數字卡牌中的最後一個數字。從一位數進展到二位數，也顯示繞行一周的意思。在卡巴拉中，10在生命樹上相當於Malkuth（王國），顯示神純粹的光芒，是讓「粗糙」的物質朝著「堅硬」的領域精煉，進而結晶的狀態。在西洋的神祕學思想中，造物主就是依據創意與抽象概念，創造並設計出這個世界，所以這個微型版本的結晶概念，也會在這個世界中展開。

SYMBOL of 10

權杖10

雙手環抱著十支棍棒的人物低著頭，拖著沉重的腳步行走著。他打算將資材送到城裡去？他看似從事了「負擔很重」的工作，但是只要意志堅定，就可以順利抵達終點對吧！出現這張卡牌的時候，顯示你現在正承受著某種沉重的壓力。這是我的實際經驗；某位女性抽到了這張牌，是她正想在海外開店之前，所以我開玩笑地說「可能會很辛苦哦！」沒想到成真了。但是，當海外開設店面這事完成的時候，據說她獲得了非常大的成就感。這就是過程越辛苦，事物會越強烈產生完美結晶的最好例子。

聖杯10

相較於權杖10顯現出嚴峻的狀況，聖杯10則是非常幸福的樣貌。男女兩人擁抱在一起高呼萬歲，身旁的孩子們則手牽著手跳舞，頭頂上如彩虹一般懸掛著十個杯子。杯子象徵水，10代表出現結晶的事實。也就是說，這顯示在精神層面上也獲得很大的滿足。

這張卡牌上的人物們看起來是何等幸福啊！有心愛的另一半在身邊，還有了孩子，可以一同分享成功的喜悅；完全沒有任何批評、嘲諷之處。擁有超過所需要的金錢時，有時會將人導向不幸，但這張卡牌顯示的是，你可以開心地感受到自己的成功。

寶劍10

在倒臥的人物背上，插著10支巨大的劍。為了「殺害」一個人，需要朝他動用這麼多支劍嗎？在這個「過度殺人」的狀況之中，我們必須認知、兼顧到劍所象徵的「心靈」和「知性」的部分。為了讓知性和想法成為事實，「重新歸零」和「接地氣」是必要的。

當你要讓思考或想法成為事實的時候，某種意義上就象徵著「死亡」。如同你向大家描繪的大餅不能吃，但是換個角度想，它其實不會腐敗也不會消失。當原始「圖像」和構想變成現實，實體化的時候，本來就會和想像的不同，最後可能還必須承擔遭到消滅的命運。想法會被「過剩」所扼殺、嘲笑，但在此同時，實體化之後的想法和理想，卻可以透過親身經驗來享受它。

錢幣10

年長者、正值壯年的人們，包括寵物，在某個擁有豐饒大自然環境的宅邸中，享受著幸福。錢幣在此配置成為生命的形狀，顯示出成立了完整的宇宙。錢幣9呈現的是一位女性的幸福狀態，錢幣9和錢幣10一起對照則顯示了對比的幸福姿態。一般而言，人們賦予這張卡牌的意義是「富足、安全」，但同時也暗示了維持現狀時的委屈，以及適應社會的「責任」。為了享受這份幸福，會被要求達到某種精神、靈魂上的成熟度。

COURT CARDS

享受廣泛解釋樂趣的宮廷卡牌

PAGE

PAGE of WANDS

PAGE of CUPS

PAGE of SWORDS

PAGE of PENTACLES

KNIGHT

KNIGHT of WANDS

KNIGHT of CUPS

KNIGHT of SWORDS

KNIGHT of PENTACLES

QUEEN

QUEEN of WANDS

QUEEN of CUPS

QUEEN of SWORDS

QUEEN of PENTACLES

KING

KING of WANDS

KING of CUPS

KING of SWORDS

KING of PENTACLES

人物卡牌的具體解釋

所謂的宮廷卡牌，在每一組之中分別有國王、皇后、騎士、侍衛等四張人物卡牌。COURT是「宮廷」的意思；在實際的占卜中，這些人物卡牌非常重要，具有各種不同等級的解釋。簡單整體如下。

①顯示實際人物

宮廷卡牌出現時，代表接受占卜者，實際遇到的人物，會成為關鍵性的人物。國王代表有威嚴的成年男性；皇后代表有地位的女性；騎士是充滿活動力的年輕人；侍衛則是未成年，或帶有天真氣息的人。

②顯示內在的個性

宮廷卡牌不僅代表實際人物，也會顯示出接受占卜者和進行占卜的人內在的性格。寶劍皇后帶有冷冽的女性特質，聖杯騎士是浪漫的年輕人，可以顯示受占卜者的內在帶有這些特質。

③具體的能量狀態

宮廷卡牌依使用狀況不同，除了人物之外，也會表現出具體的情境。聖杯國王是在情感方面獲得滿足的狀態，權杖侍衛的話則是代表收到某些訊息。

從這三種解讀方式之中實際讀取哪一種意義，必須靠當場的臨場反應進行判斷。或者，①②③這三種狀況同時並存也是有可能的。

人物和分組的元素進行組合

各張宮廷卡牌的意義，也可以比照數字卡牌，將人物和每一組的元素結合後推敲出來。解釋方式是，侍衛等同於青春洋溢的未成熟狀態；騎士等同於激烈活動的狀態。皇后等同於冷靜、安定的狀態；國王則是具有威嚴、充滿力量的狀態。另一方面，從分組來看，權杖是火＝熱情和力量。聖杯是水＝感情與愛情。寶劍是風＝敏銳的知性或冷淡。錢幣是地＝物質或現實層級。

所以，權杖侍衛雖然受到熱情的鼓動，想要採取行動，但實際上卻是行動力不足的狀態，或是指那種狀態的年輕人。權杖騎士是具有活動力並朝著理想付諸行動的人；權杖皇后是將理想埋藏在心中的樂觀女性，權杖國王則是具有威嚴或充滿自信的男性。

人物卡牌的實踐練習

接著為各位介紹使用宮廷卡牌的練習，這是透過卡牌的形象，掌握活生生例子的練習。首先，將十六張宮廷卡牌全部排列在面前。接著，設想各式情境後，選擇希望作為自己夥伴的人物卡牌，並試著跟那個人物進行想像、虛擬的對談。

比方說，選擇聖杯皇后當作約會或對談的對象。對方是和自己同年齡，或是稍微年長的女性，這個人物與我的互動相當良好。接著，她會問我包括煩惱在內等問題吧！或是，將自己身邊的人物和宮廷卡牌結合也是不錯的方式。這樣做，應該可以更容易想像出對方的模樣。

PAGE

未成熟但直率的年輕人

SYMBOL of PAGE

【權杖侍衛】

這張卡牌顯示的人物性格，是充滿衝勁和年輕氣息的青年。就像剛入學的新生，或是剛開始從事某項工作的新人那樣，對眼前的事物抱持著期待，充滿熱情積極處理事物的模樣。

請各位注意的是，這裡會出現因為經驗和想法過於膚淺而造成失誤。如果有自己無法單獨解決的事情，立刻向比自己年長或是有經驗的人求助會比較好。

【聖杯侍衛】年輕人都有著一顆未經世事而且容易受傷的心。這張卡牌，就是表現出這種感受性豐富，擁有純真心靈的人物。宛如盯著魚兒看的青年一般，是個富有同理心，可以親切地接待他人的人物。雖然上了年紀卻未喪失新鮮感，擁有和少年、少女同樣心態的人也可適用。

【寶劍侍衛】任何人都曾經對比自己年輕的人，或是擁有不同價值觀的世代生氣，大罵「年輕人都是這樣！」的經驗吧！

這張卡牌表現出來的，就是這種惹人生氣的年輕人。象徵想廢除古老規範，提出嶄新想法，具有足以讓周遭吹起一股革新風氣的堅毅！

【錢幣侍衛】你現在，正處在某種養成「專家」自覺的時間點上吧！就像第一次得到錢幣的青年一樣，第一次得到表現的機會。如今，被要求做複雜的工作，同時達到現在的你可以做到的最佳結果。

儘管如此，你也沒有什麼好怕的，就儘管使出全力吧！能力不足的地方，用熱情和誠意來彌補就行了。

KNIGHT

聰明好動的男性

SYMBOL of KNIGHT

【權杖騎士】出現這張卡牌時，你就像真的騎士一般充滿活力，能夠積極地到處活動！戰勝恐懼與不安，以突飛猛進的速度，朝著目標不斷邁進。這也暗示，你會前往國外等未知的地方。

但是請注意！不要陷入自信心過剩的狀態，這樣會引來周遭的反感，進而陷入無法挽回的地步哦！

【聖杯騎士】這張卡牌顯示的人物形象，擁有豐富的感受性和藝術性，是具有藝術家氣息的男性。這也表示，你可以遇到自己心中理想的異性。

此外，從這張卡牌也可以讀取到，你為了解決眼前的問題，必須採用戲劇性的手段，向人們做情感訴諸。另一方面也請注意，不要陷入過度幻想的世界之中。

【寶劍騎士】

現在，你被要求的是提升速度。所以，暫時不要再進行縝密性思考，或是慎重採取行動了。「一邊思考一邊行動」、「很多件事情同時進行」採取這樣的方式會比較好，所有事情都應該要當機立斷。

此外，掌握更多訊息，多多動腦思考，也可以獲取掌握勝利的預感。

【錢幣騎士】

長時間以來持續不斷努力的人，迎接努力成果的時候到了。至於接下來才要開始某件事的人，不要期待立刻會有結果，這一點相當重要。事情要以長遠的角度進行思考，一個接著一個完成微小的目標，這樣踏實的努力終將會帶來成果。這是需要花費體力的時期，請注意不要過勞。

QUEEN

溫和也有能力的女性

SYMBOL of QUEEN

【權杖皇后】這張卡牌讓人腦中浮現溫柔，卻強韌的女性。不久之後，你的魅力就可以充分發揮了，你也會感覺到充滿了力量，對任何事情都可以用積極的心態去面對。同時也能夠發揮領導、統御的能力。在戀愛方面，這是心中產生激情的徵兆。對另一半的感覺，可以維持在高亢的狀態下。

【聖杯皇后】這是一張顯示，你可以溫柔地接納哭泣中的孩童，類似母親形象的卡牌，讓人聯想到溫和但內心強韌的女性。出現這張卡牌時，希望你比平常更加重視你的同理心，關心要擴及到周遭的人們。對於平常總是自己上前搭話的對象，轉換角色，多傾聽對方的煩惱吧！另外，可以依照你的直覺，讓事物朝好的方向進行。

【寶劍皇后】

這張卡牌所代表的人物，是體驗過人生的酸甜苦辣，理智的成年女性。因為經歷過各種經驗，所以有時也會做出冷酷的判斷。

現在的你被要求的是，必須以客觀的角度冷靜地進行分析。不要輕易流露出感情，現在必須參考過去的數據資料或經驗法則，做出結論。但是，為了不要被誤解為你單純就是個冷酷的人，所以千萬別忘了帶點幽默感。

【錢幣皇后】

比起突發奇想，或是新奇古怪的行動，這時採取扎實且符合常識的行動更容易導向成功。就像提供家人穩定的衣食住行等各方面需求，給人安全感的母親一樣。

現在是開始存錢，或是累積私人財富的好時機。另外，對女性來說也是感受到懷孕徵兆的卡牌。

KING

精神面和經濟面都得到滿足的男性

SYMBOL of KING

【權杖國王】有不輸給任何人的熱情，透過強烈的領導能力，率領大家的男性形象卡牌。

出現這張卡牌時，你可以朝著目標筆直地前進。由於對自己充滿自信，所以感受不到任何恐懼。想要更上一層樓，想要從事只有自己能夠做到的事，這樣的心態可以讓你過關斬將，無往不利。

【聖杯國王】這張卡牌顯示的是有威嚴，卻很溫和的人格特質，可以有愛心地接納他人的男性。也顯示出如父親般的存在，或代表老師、心理諮商師等角色。

現在，你被要求具備對他人的理解力和同理心，要能巧妙地引導出對方在行動和言行背後的心情，並以寬大的心去接納他。對那個人來說，你應該可以成為很棒的諮商師和意見提供者。

【寶劍國王】

透過與生俱來的知性和決斷力，作為武器率領大家，是偶像型的男性。即使是眼前若隱若現的阻礙，也能夠針對問題點進行分析，有系統地統整出解決對策並順利度過這個難關。這時除了對自己，也會對他人做出過於嚴格要求的傾向，必要時務必注意保持冷靜的態度，不要固執而不知變通。

【錢幣國王】

這張卡牌展現一般、社會性的成功，擁有明確地位和經濟能力的男性。收入增加，出人頭地，得以在經濟能力與社會地位上嶄露頭角，獲取成功。有預感成為團隊的領導人等，被要求必須擔負責任與管理能力，所以應該避免直覺性的「應該可以行得通」這類行徑，得用心、仔細思考後再採取行動。

COLUMN

除了萊德韋特塔羅牌以外，可購買的塔羅牌

與「萊德韋特塔羅牌」並列而且不可或缺的，就是被稱為「馬賽」版本的塔羅牌。坊間出版了從十八世紀開始在歐洲流通的幾種版本。樸素的木板畫具有無以言喻的魅力。它是在萊德韋特塔羅牌誕生之前最基本的塔羅牌，本身就有很多種類。最近日本也推出了「mamanmi yuki 塔羅牌」等日本原創的馬賽塔羅牌，古典的套裝復刻產品也很盛行。

另外坊間也有現存最古老的塔羅牌復刻版，作為實際占卜使用的話，尺寸太大不是很方便，但至少重現了被稱為「維斯康堤塔羅牌」這個文藝復興時期的豪華手繪塔羅牌。因為它是做圖像研究不可或缺的版本，所以如果真心想研究塔羅牌的話，建議可以先買來進行收藏。

推出萊德韋特塔羅牌的英國「黃金黎明協會」重現他們的塔羅牌版本「黃金黎明塔羅」（Golden Dawn Tarot）」之餘，也推出了好幾款商品。其中最有名的是羅伯特 ・ 王博士所繪製的產品。此外，同樣隸屬於「黃金黎明協會」，隨後獨立並推出獨自教義的魔術師阿萊斯特 ・ 克勞利的「托特塔羅牌」也獲得很高的支持度。

另外，像是女性主義體系的「和平之母塔羅牌」與榮格心理學以及希臘神話融合後的「神話塔羅牌」（Mythic Tarot）這類現代版本也值得推薦給各位。

初學者應該避免購買的是被稱為「亞提拉版」（Etteilla）的塔羅牌。這是十八世紀法國占卜師亞提拉所製作的產品復刻版，內容非常獨特，與基本的塔羅牌構成完全不同。因為在本書執筆時尚未有詳細的日文版或英文版解說，初學者在使用上是很困難的。這種特殊的塔羅牌留到上手之後再研究吧！

PART 3

SPREAD

延伸應用

塔羅牌實際占卜

～延伸應用介紹～

塔羅牌占卜是由洗牌（shuffle）、切牌（Cut）、牌陣（Spread）等三個要素所構成的。牌陣的種類依據占卜內容不同而有所差異，但是洗牌和切牌都是共通的，請各位務必記下來。

> **準備**
> 如果在雜亂的桌面上進行，恐怕會容易分心、無法集中精神。首先請將周圍環境整理好之後再開始占卜吧！為了不要損傷卡牌，鋪上桌巾（桌布）也是不錯的選擇。

1.

請將占卜需要使用的卡牌放成一落，比照圖片維持反面朝上的狀態直放。在心中想著你想要占卜的內容，然後調整呼吸。

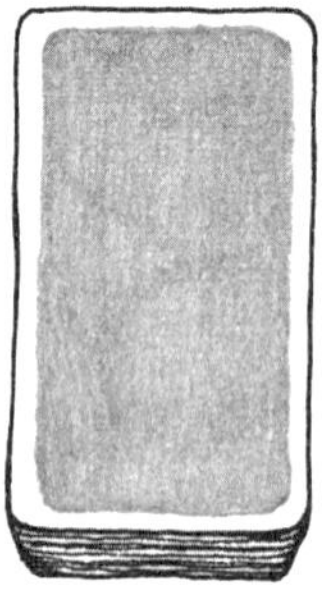

2.

雙手將卡牌以順時針方向洗牌均勻，直到你覺得已經將卡牌洗均勻為止。

3.

再次將卡牌整理成一落，接著分成ABC三落（不等分也沒關係）。順序③和順序④的動作，建議使用與深層心理連結的左手來進行較佳。

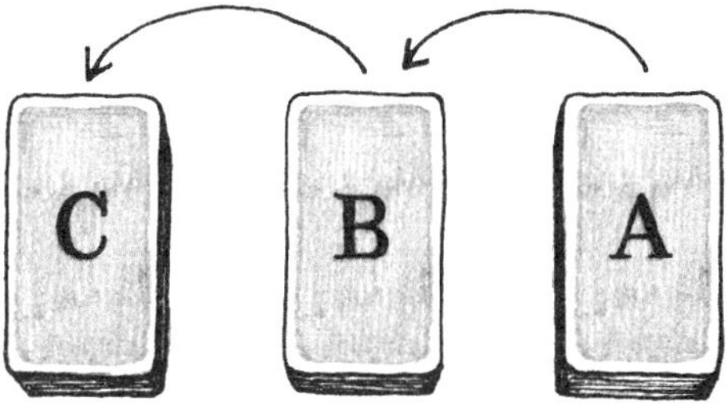

4.

請將分成三落的卡牌，用和順序③（切牌時）不同的順序來排列，再次整理成一落。以上，就完成切牌程序。

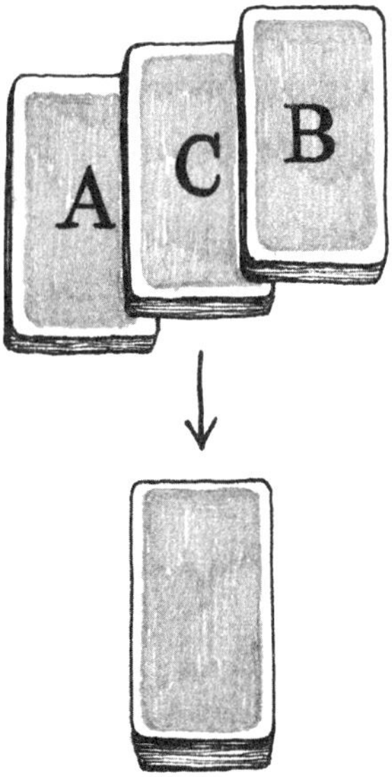

＊本書不採用逆位解釋

簡易十字牌陣 *Simple Cross Spread*

這是將最具代表性的塞爾特十字法（參照 P261），縮減到最極致的占卜方式。使用少量的卡牌，就能得到明確的解答。

- **使用的卡牌**　大阿爾克那
- **可占卜的內容**　現在你擔心的問題點
- **順序**　將切牌完成後的卡牌，從上方抽牌並按照圖示的編號，依序以背面排列。接著將卡牌翻到正面，比較①和②的卡牌進行解讀。
- **卡牌的解讀方式**

① **現狀** ⇒ 現在你所處的狀況，或是你面臨的問題，沒有說出口的真心話等。

② **考驗** ⇒ 為了順利度過①的狀況，你不得不解決的事情，也可以想成「解決煩惱的對策」。

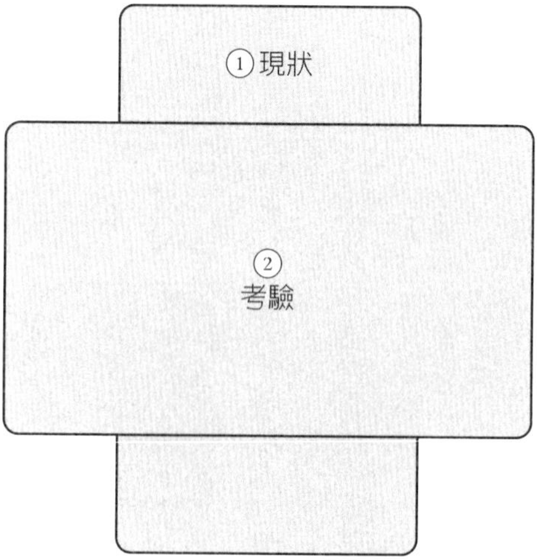

〔範例〕簡易十字牌陣

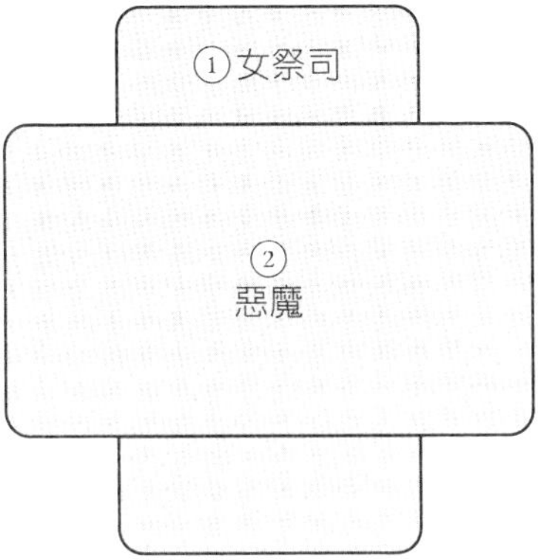

面試完總無法順利找到理想的工作，該怎麼辦才好？

使用全套78張卡牌也可以，但是本次我只使用大阿爾克那進行占卜。

首先，①象徵本人和現在所處的狀況，出現的是「女祭司」。在此顯示受占卜者一直以來都很認真學習。至於②顯示考驗，則出現了「惡魔」，這是和形象生硬的「女祭司」呈現完全對比的卡牌。「惡魔」象徵了，世間不只有乾淨、漂亮的那一面。或許，這是想告訴你必須要有面對這種事情的勇氣。

說不定，當事人只呈現出學生時代的資優生氛圍而已。面試的時候，態度應該要更活潑外向一些，稍微表露調皮的一面，或許也不錯。而且這樣做，可能會有一種「具積極性」的面相優勢。

不要只著重表面上平靜順利，偶爾認真地衝撞看看如何呢？

三張牌牌陣 *Three Card Spread*

順著過去、現在、未來這個時間順序來解讀卡牌，從問題的原因一直到最後呈現的結果，可以得到有系統的完整解答。

- **使用的卡牌**　大阿爾克那

- **可占卜的內容**　具體的問題解決方法

- **順序**　將切牌完成後的卡牌，從上方依序抽出 3 張卡牌，如圖示以背面進行排列。抽排順序和排列順序不同也沒關係。從①開始依序將卡牌翻到正面並進行解讀。

- **卡牌的解讀方式**

① **過去**　⇒　顯示你面臨這個問題的理由，過往所處的狀況，當時的想法等。

② **現在**　⇒　顯示你現在所處的狀況，隱匿的問題本質等。

③ **未來**　⇒　循著①和②的解釋，顯示你近期內即將遇到的事件。此外，也可以提供解決問題的建議。

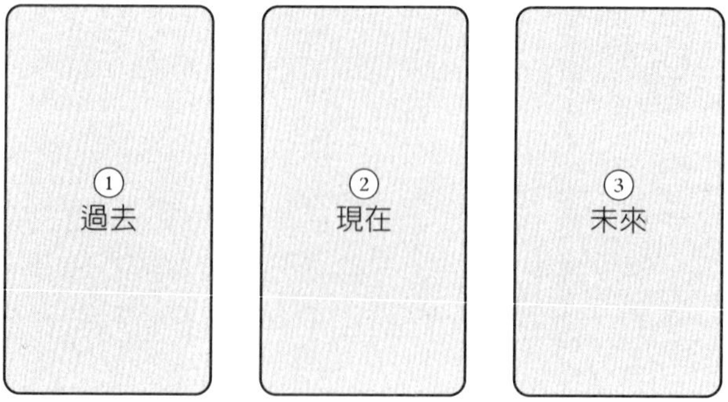

〔範例〕

三張牌牌陣

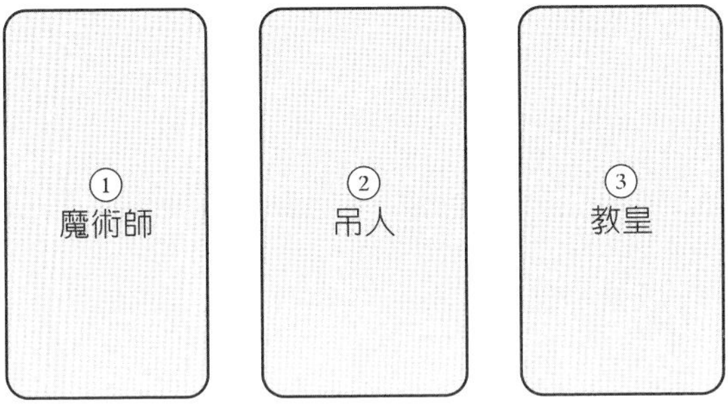

與戀人的關係漸行漸遠，接下來該怎麼做？

這個牌陣可以使用全套78張卡牌，如果只使用大阿爾克那的22張卡牌也沒關係。

「魔術師」出現在①過去。這張卡牌有「開始」和「知性」的意思。看得出來這是一段青春洋溢，刺激彼此的求知慾和好奇心的關係。但是②現在是「吊人」。現在，呈現出必須忍耐，或是無法說出真心話的感覺。吊在半空中的這個「吊人」的姿勢，象徵著你現在傷心欲絕的模樣。

那麼到底該怎麼做才好呢？③未來，可能顯示建議的地方出現了「教皇」，這張卡牌代表要有良好的顧問。從這張卡牌可以看出，你必須更加信賴對方，試著與對方商量自己現在的狀況，或是反過來成為對方商量的對象也很好。我認為，你可以更仰賴對方，並且更信賴對方。或者，跟你覺得值得信任的前輩一起去用餐或許也不錯，前輩應該可以帶給你一些好的影響和建議。

鑽石牌陣 *Diamond Cross Spread*

最適合用在想問與特定對象之間的關係的牌陣，這個牌陣也被稱為「聖四角形」。

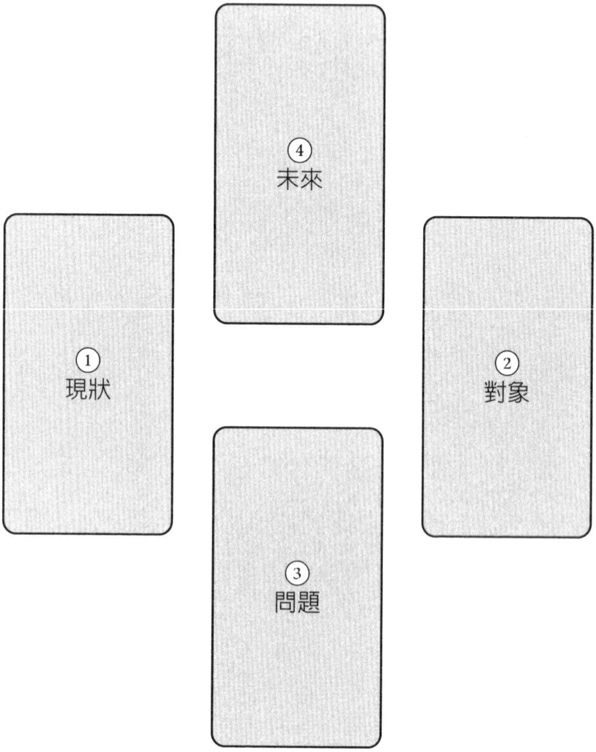

使用的卡牌 大阿爾克那

可占卜的內容 一對一的人際關係

順序 將切牌完成後的卡牌，從上方抽牌並按照圖示的編號，依序以背面進行排列。從①開始依序將卡牌翻到正面並進行解讀。

卡牌的解讀方式

① **現狀** ⇒ 表示你所處的狀況，你自己也沒注意到的真心話。

② **對象** ⇒ 表示對方在想的事，以及言語和行動背後的真心話。

③ **問題** ⇒ 以①和②為前提，兩人所面臨的問題，以及不得不跨越的挑戰。這也是忠實地象徵兩人關係的卡牌。

④ **未來** ⇒ 基於以上的各張卡牌，表示近期內發生在兩人身上的事。為了讓兩人都變幸福，建立什麼樣的關係比較好，這張卡牌會提供建議。

〔範例〕鑽石牌陣

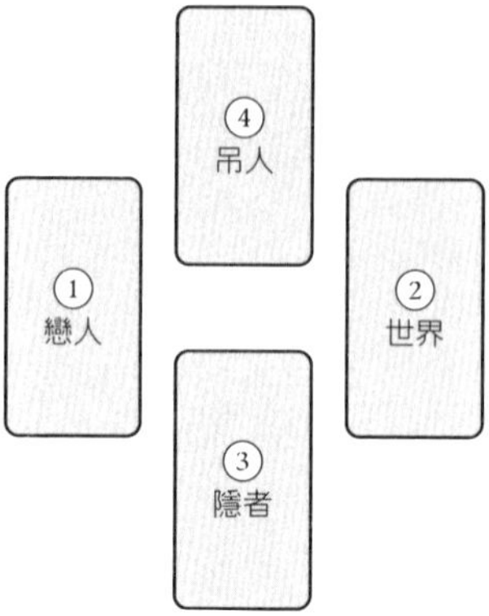

該如何與職場上合不來的上司相處？

鑽石牌陣是適用於確認所有人際關係的方法。在此，我也試著使用大阿爾克那的22張卡牌進行占卜。

首先，在顯示兩人關係的問題點卡牌出現了③「隱者」。因為這也是象徵時間的一張卡牌，讓人聯想到長時間以來，已經僵化的人際關係。辦公室本身也是一個封閉性社會，這或許會稍微演變成一種封建式的人際關係。

顯示現狀的是①「戀人」。這象徵熱情和懷抱好意；現在你企圖對這位上司積極地卸下心防。

顯示對象的是②「世界」。即使維持現狀似乎也感到滿足，看來這裡已產生了心態上的落差。

顯示未來和解決對策的是④「吊人」。這是代表價值觀、意識完全扭轉的意思。試著從因為是上司、因為是部下這種表面上的關係解放開來如何呢？比較年輕的你做好遭受批判的心理準備，帶著真實的情感去衝撞對方，或許可以為僵化的關係製造一些通風口。不要太執著在自己的立場上，試著誠實地面對對方吧！

塞爾特十字牌陣 Certic Cross

萊德韋特，他在與塔羅牌同時製作的塔羅牌書籍中，介紹了「古代塞爾特牌陣」的占卜牌陣。透過 10 張卡牌，可以深入解讀問題。

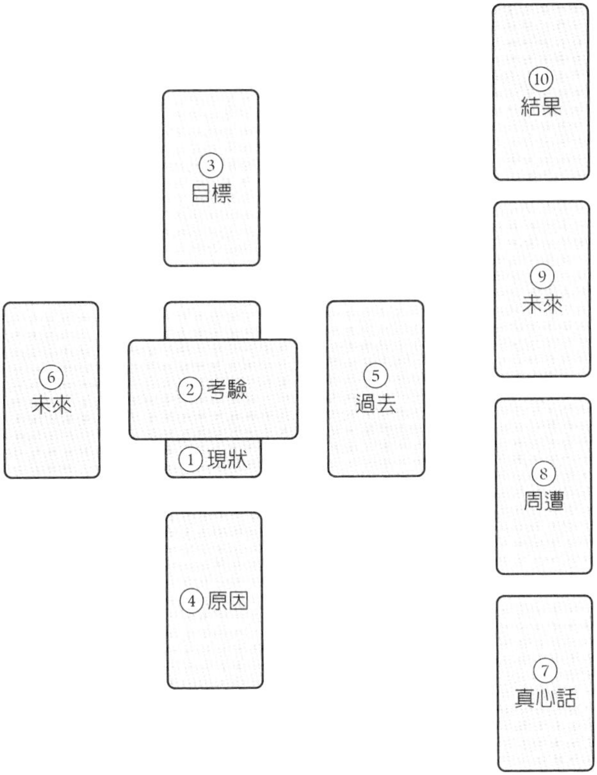

● **使用的卡牌** 大阿爾克那，或是包含小阿爾克那在內的全套卡牌。

● **可占卜的內容** 全方面的問題，也適合不具體的煩惱等曖昧疑問。

● **順序** 將切牌完成後的卡牌，從上方抽牌並按照圖示的編號，依序以背面進行排列。接著將所有卡牌翻到正面並進行解讀。

● **卡牌的解讀方式**

① **現狀** ⇒ 你現在所處的狀況，面臨的問題的本質。

② **考驗** ⇒ 現在妨礙你的東西，接下來必須度過的難關。

③ **目標** ⇒ 擱置在你的心中某個角落的夢想和目標，本來應該精進的路，如果沒有受到限制，希望實現的事。

④ **原因** ⇒ 為什麼陷入①這個狀況的問題原因。

⑤ **過去** ⇒ 不久前發生的，成為這個問題關鍵的事件。

⑥ **未來** ⇒ 循著目前為止的結果，呈現近期內即將發生的事。此外，因為這個關係，之後該怎麼做的提示。

⑦ **真心話** ⇒ 你自己本身也沒有注意到，無意識的真心話。

⑧ **周遭** ⇒ 周遭的狀況，周遭的人們對你是怎麼想的。

⑨ **未來** ⇒ 你對於未來所抱持的希望和恐懼，依據目前為止出現的卡牌，對於即將到來的未來，你自己所抱持的情感。

⑩ **結果** ⇒ 統合以上所有內容，針對這個問題的最終結論。

〔範例〕塞爾特十字牌陣

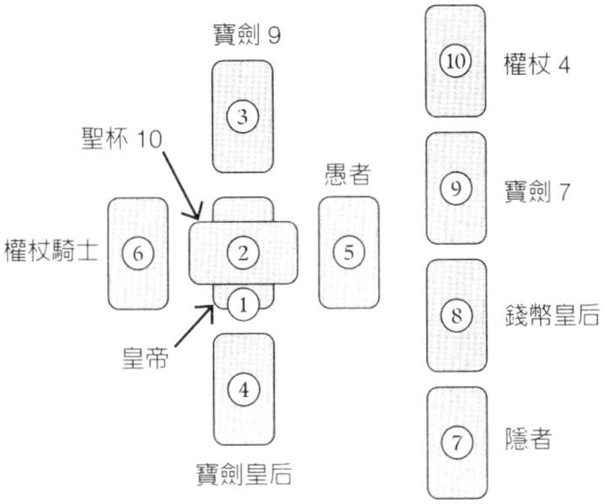

工作枯燥乏味，缺乏衝勁，有什麼方法可以改變現況嗎？

在此，我試著使用全套78張卡牌來進行占卜。到目前為止，妳似乎能夠以自由的立場來工作（⑤「愚者」），這顯示妳本身處在不得不負起責任，或是擔任領導者角色的立場（①皇帝、④「寶劍皇后」），肩上的負荷可能不輕。業績表現也不錯（②「聖杯10」），所以妳對於是否要脫離現狀，踏出嶄新的一步，似乎顯得有些猶豫不決。為了達成理想，妳必須接受可能造成的風險損失（③「寶劍9」）。但是，狀況已經開始產生變化（⑥「權杖騎士」）。或許妳害怕自己展現強大領導能力這件事，會讓妳陷入孤立無援的狀態（⑦「隱者」），但是妳在周遭人們的心目中是一個堅強的女性（⑧「錢幣皇后」），所以不需要擔心。接下來或多或少，妳會冒著危險或是依據策略而採取行動（⑨「寶劍7」），在職場上也可以獲得人望，應該可以沉浸在獲得幸福感的狀況之中（⑩「權杖4」）。要打破現狀，靠的就是妳的領導能力。

六芒星牌陣

Hexagram Spread

這是以六芒星圖案排列的牌陣，與塞爾特十字牌陣（P261）並列為最有名的牌陣，可以針對所有煩惱提供多角度的解答。

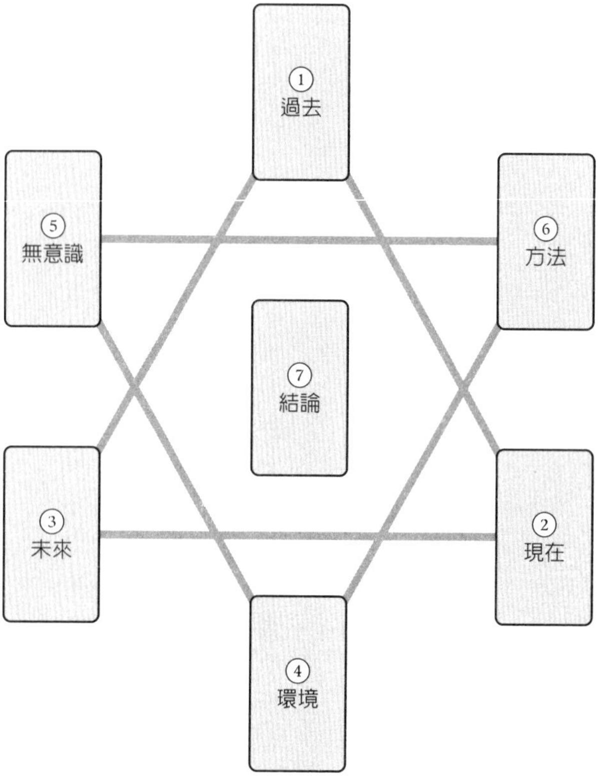

● **使用的卡牌** 大阿爾克那，或是包含小阿爾克那在內的全套卡牌。

● **可占卜的內容** 全方面的問題，也適合用在多件事物牽扯在一起的複雜問題上。

● **順序** 將切牌完成後的卡牌，從上方抽牌並按照圖示的編號，依序以背面進行排列。接著將所有卡牌翻到正面並進行解讀。

● **卡牌的解讀方式**

① **過去** ⇒ 變成你現在所面臨的問題其理由、當時所處的狀況，以及當時的想法等。

② **現在** ⇒ 你現在所處的狀況，隱藏在背後的問題的本質。

③ **未來** ⇒ 依循著①和②的內容，近期內你即將面對的事情。此外，這也是顯示當時的你有什麼感覺的卡牌。

④ **環境** ⇒ 周遭的狀況、周遭的人們對你有什麼看法，以及占卜對象的心情等。

⑤ **無意識** ⇒ 你本身也沒有注意到的真心話，或者無意識一直壓抑的願望等。

⑥ **方法** ⇒ 為了解決問題並脫離現在的窘境，你應該採取的實際行動和建議。

⑦ **結論** ⇒ 統合以上所有內容，顯示針對這個問題的最終結論。同時也是呈現出會變成問題的整體、關鍵性卡牌。

〔範例〕

六芒星牌陣

雖然使用的卡牌數量比塞爾特十字法少，但是很適合針對卡牌進行深入解讀。在此，就以稍微仔細一些的方式來讀解卡牌吧！受占卜者的問題內容如下：

「妻子和我的母親之間，關係不太好。雖然他們對彼此都沒有懷抱著惡意，但是這種不和諧的氣氛並不好。請問我應該怎麼做好呢？」

雖然這個牌陣也可以只用大阿爾克那就好，但這次我特地使用全套78張卡牌進行占卜。出現的卡牌展開後，呈現以下結果。

①「聖杯皇后」②「聖杯6」③「權杖7」④「吊人」⑤「權杖5」⑥「錢幣8」⑦「錢幣皇后」。

第一眼看到這些卡牌時，我發現到出現了兩張皇后，浮現了和婆媳關係一樣複雜的問題。但是，這兩張牌分別是聖杯和錢幣，此外，在這些卡牌中並未出現任何一張寶劍的數字牌或宮廷卡牌，可以解讀成沒有別離或有感到悲傷的狀況吧！此外，也可以看到依據過去（①）的「聖杯皇后」（感情）演變到結論（⑦）的「錢幣皇后」（現實）這個最終的樣貌。可以看出，你與這兩位女性之間的關係，如何從單純的戀愛或情緒性的成分，變化成為創造出生活基礎這件事，這是一項很重要的課題。

到目前為止，你可能對女性投射了溫柔的母親那樣的形象（①）。現在，這已經是過去式了（②）。今後，你必須取得主導權才行。值得慶幸的是，你站在有利的立場，她們兩位必須遵從你的指示（③）。甚至應該說，她們兩位對於你優柔寡斷的態度感到焦躁不安。有必要的話，必須試著將你心中壓抑的不滿直接表現出來才行（④、⑤）。

包含你在內，大家都在無意識之中累積了很高的

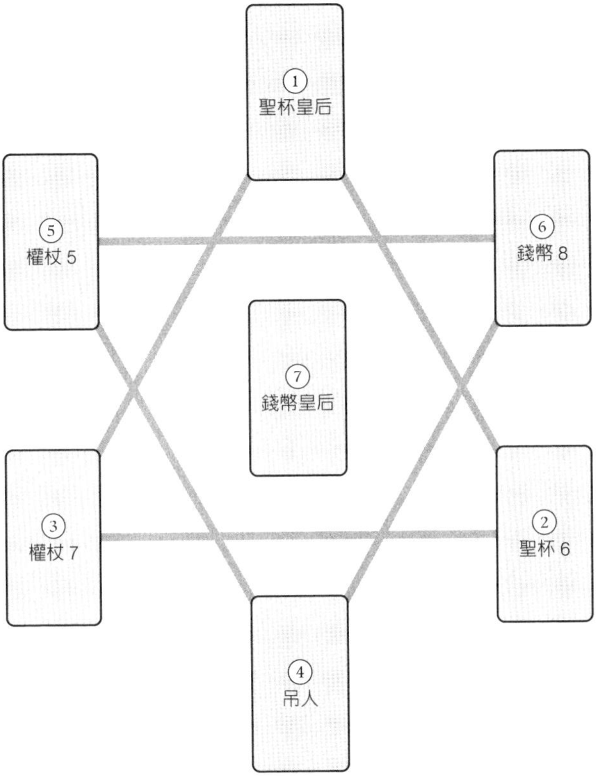

挫折感，很想要直接把話說清楚、講明白（⑤）。只要得到這個吐露心聲的機會之後，包括你在內，你們三個人之間就可以用心經營，一點一滴漸漸地培養出新的關聯性（⑥）。雖然這需要花很長的時間，但是這麼一來，她們兩位就會變身成為現實面上進行良好居家設計建議的女性，而且你與女性的相處方式也會更趨於成熟！（這單純只是我個人聯想，我認為因為「錢幣8」有著針對某件事用心經營的意涵，三個人一起享受室內設計或外觀裝潢等DIY工作，也可以成為增加親密度的契機唷！）

黃道十二宮位牌陣

Horoscope Spread

這是依據占星術中使用的占星圖「黃道十二宮」進行的占卜方法，適用於「想知道〇〇運」這類特定主題的占卜。

使用的卡牌　大阿爾克那，或是包含小阿爾克那在內的全套卡牌。

可占卜的內容　接下來一年內的運勢，針對各主題近期內會發生的事。

順序　將切牌完成後的卡牌，從上方抽牌並按照圖示的編號，依序以背面進行排列。接著將所有卡牌翻到正面，或是把只想占卜的主題位置的卡牌翻開也可以。

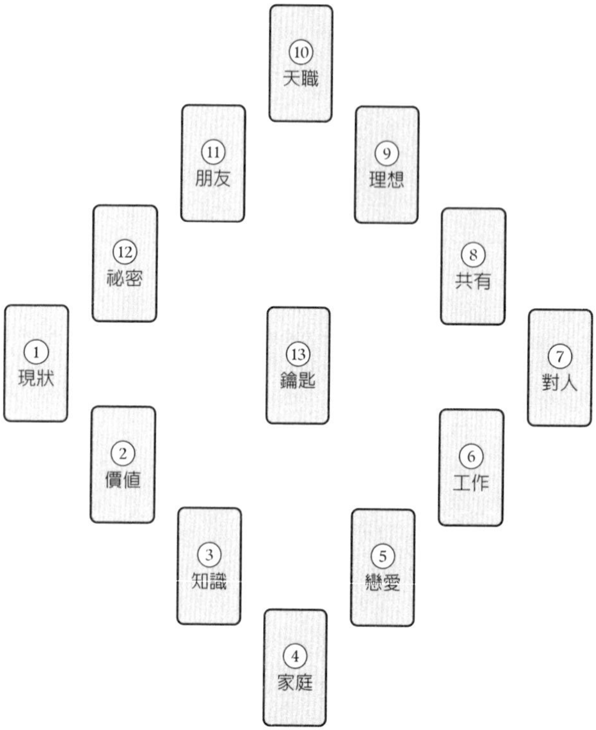

卡牌的解讀方式

各編號依照占星術的黃道十二宮中「宮位」的編號進行表示。

① **現狀** ⇒ 你的心情、今年的課題。

② **價值** ⇒ 今年的財運、收入多寡、可以運用的時間或能量等資源。

③ **知識** ⇒ 今年的學習運勢、今年必須學習的主題、進行溝通的方式等。

④ **家庭** ⇒ 今年的家庭運、與家人和夥伴等親近的人們之間的關聯性、衣食住行環境。

⑤ **戀愛** ⇒ 今年的戀愛運、桃花運、休閒娛樂等遊樂狀況。

⑥ **工作** ⇒ 今年的工作運、不得不完成的使命，同時它也是顯示健康狀況的卡牌。

⑦ **對人** ⇒ 今年一對一的人際關係運勢。像是結婚、與在意的人之間的關係、跟你不合的對象。

⑧ **共有** ⇒ 今年的性愛運勢、與你有密切關係的人之間的關係，同時它也是代表遺產或貸款的卡牌。

⑨ **理想** ⇒ 今年你必須訂定的高目標、為了達成目標的方法手段，也可以從中看出你的旅遊運勢。

⑩ **天職** ⇒ 今年你可以發揮的才能、與社會的連結。

⑪ **朋友** ⇒ 你與朋友或職場上的人們，一對多的人際關係運勢。

⑫ **祕密** ⇒ 今年你在無意識間心中懷抱的慾望、負面的情感。

⑬ **鑰匙** ⇒ 今年的綜合運勢、關鍵字、整體的結果。

〔範例〕
黃道十二宮位牌陣

這是一種可以廣泛探討生活中各種議題的牌陣。但是，並不能看到「這輩子會怎麼樣」這種無期限的結果，設定「接下來的一年」或是「接下來的三個月之內」再進行占卜會比較好。

比方說，**「明年，我預定成為自由工作者，我想先知道明年的狀況。」**這樣的問題，出現了以下的展開內容。

我使用了78張全套卡牌。出現的卡牌依序是：①「戰車」、②「女皇」、③「寶劍5」、④「權杖國王」、⑤「惡魔」、⑥「寶劍騎士」、⑦「錢幣國王」、⑧「權杖ACE」、⑨「錢幣ACE」、⑩「權杖6」、⑪「教皇」、⑫「寶劍8」、⑬「錢幣7」。

透過①可以看出，這位受占卜者意氣風發踏出獨立的那一步時的模樣。「戰車」是擁有充沛活力，推動事物前進的力量卡牌。幸好，工作上具有非常充足的工作價值，所以具有可以順利推進的優勢（⑩）。這張卡牌顯示你處在很好的位置，金錢方面似乎也很充裕（②）。或多或少，對於從事難度很高的工作，或是與麻煩的對象交手有所覺悟的話（⑥），原則上沒有太大的問題。試著仔細觀察你的周遭，應該能夠在公司內找到可以助你一臂之力，擅長實務性的作業而且品質穩定的人物（⑦）。朋友之中，應該也能找到很好的諮商顧問才是（⑪）。你的家人似乎也很了解並支持你的熱情（④），對你來說與其他人的互動，本來就是一種很大的助力。從人物卡牌大量出現這一點來看，這一年的關鍵之一，應該是和人際關係的聯繫和經營有關吧！

但是，成為自由工作者之後建立起的各式各樣關係，其中也包含戀愛在內的各種誘惑（⑤），在性方面也有招致風險的可能性（⑧）。（「權杖ACE」

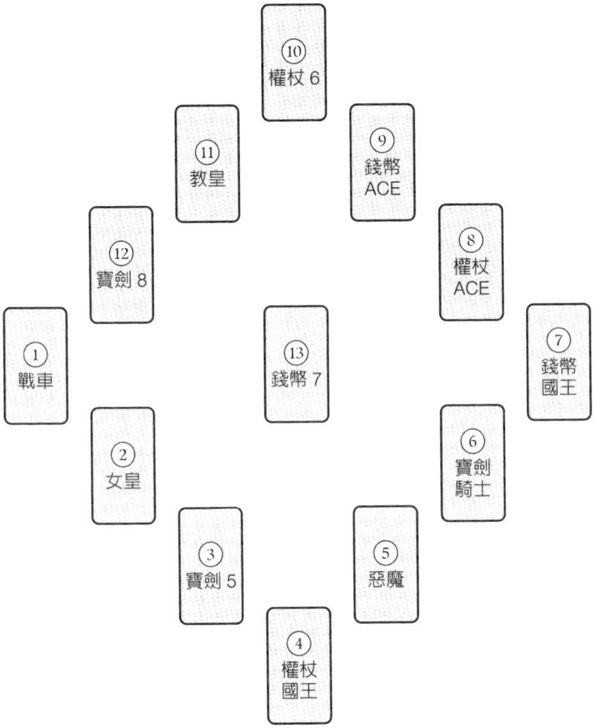

代表滿溢的能量。）要注意，不要因為成為自由工作者時的不安感，導致你輕易受到異性的誘惑。

最後的鑰匙位置出現了「錢幣7」。表示，雖然你展現某種程度的成果，但是你懷抱的高度期待，卻尚未實現。因為，你有期待達成更現實面的重大成功的這個理想（⑨）。但是，這個理想因為才在開始階段的ACE，尚未能夠具體成形。由於還是第一年，心情上不要太過亢奮，逐步且確實地收割最早階段的成果，同時用更具體性的方式朝著下一個夢想邁進，這將會成為這一年的重大課題。

整體來看，似乎會是獲得很大的工作成就感的一年。

生命之樹牌陣

Tree of Life Spread

這是依照卡巴拉宇宙圖「生命之樹」的形狀，來排列卡牌，並進行占卜。在執行自己的使命，或規劃未來發展等弘大的主題占卜時，相當適合使用。

- **使用的卡牌**　全套卡牌。
- **可占卜的內容**　人生的課題，接下來自己應該朝哪個方向前進。
- **順序**　將切牌完成後的卡牌，從上方抽牌並按照圖示的編號，依序以背面進行排列。接著從①開始依序將卡牌翻到正面並進行解讀。

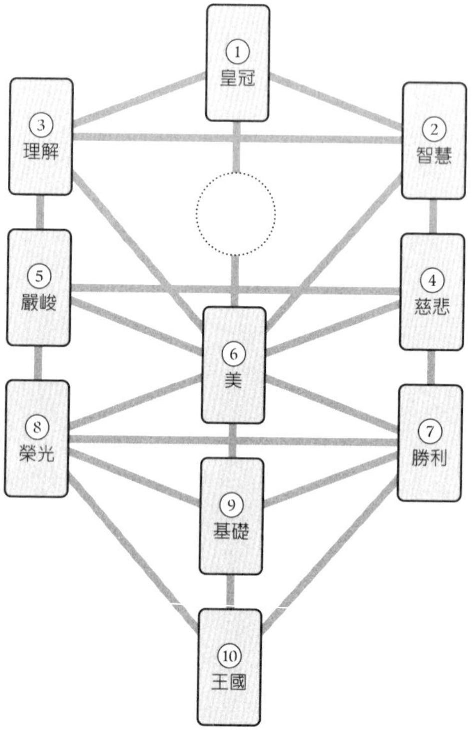

卡牌的解讀方式

卡牌的配置對應到卡巴拉宇宙圖「生命之樹」的天球位置。

① **皇冠＝精神面的目標**	⇒ 人生中應該努力到達的目標。
② **智慧＝熱情**	⇒ 是否有熱情、能量的狀態。
③ **理解＝磨練**	⇒ 接下來不得不跨越的磨練。
④ **慈悲＝自己的武器**	⇒ 現狀下，往有利的方向推進的東西。
⑤ **嚴峻＝應該放手的東西**	⇒ 現階段因為朝不利的方向發展，放手會比較好的東西。
⑥ **美＝達成**	⇒ 可以達成的夢想和目標。
⑦ **勝利＝對人關係**	⇒ 與周圍的人們之間的關係好壞。
⑧ **榮光＝工作、溝通**	⇒ 工作上的事情可以達到的結果，職場的環境。
⑨ **基礎＝無意識**	⇒ 心底恐懼的事物或沒有查覺到的心靈創傷。
⑩ **王國＝現狀**	⇒ 狀態，目前所處的狀況。

〔範例〕

生命之樹牌陣

這是依據猶太的神祕主義卡巴拉宇宙圖「生命之樹」的形狀，進行卡牌排列後展開的占卜方式。

這次的問題是「我有計畫要結婚，可是另一半調職的可能性也很高。雖然沒有將重心放在自己的工作上，但是辭職的話覺得很不安。今後的生活重心該如何規劃？」

出現的卡牌依序如下。①「權杖國王」、②「錢幣騎士」、③「聖杯2」、④「錢幣皇后」、⑤「權杖7」、⑥「吊人」、⑦「死神」、⑧「女祭司」、⑨「聖杯5」、⑩「權杖4」。

從⑩這張卡牌來看，你現在應該洋溢在幸福之中，心中只想著結婚的事吧！但是看了⑨發現，你今後的生活中存在著可能會失去什麼的擔憂與不安。因為現在的你很幸福，雖然不會失去所有的一切，但可能還是會因為單純欠缺什麼而產生很強大的不安感。⑦所顯示的不僅是在工作方面，現在的人際關係，以及開心出遊的玩伴之間的交流會暫時中斷。在這裡出現了大阿爾克那，可以解讀成相當重要的關鍵點。其實比起工作，你真正害怕的是，結婚後會與現在的夥伴們斷了關係和聯繫。結婚後就像⑧所顯示的，停止了熱鬧頻繁的交流，封閉在一個人的世界中。

從中央的⑥「吊人」可以看到，你陷入無法冷靜下來的狀況。說不定你真的會換工作，前往全新的地方。也可能在不熟悉的新天地感到渾身不自在。但是，依據④所顯示的，你本來就是個非常實際且堅強的女性。如果維持單身時代的享樂生活的話，遲早會對人生感到厭煩。現在你雖然處在優渥的狀

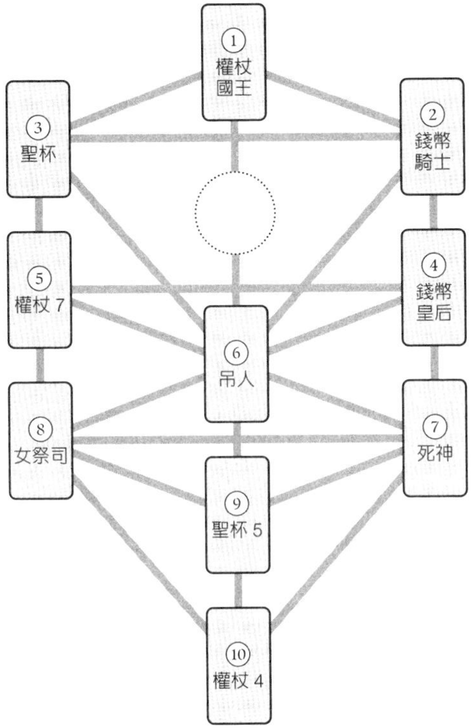

況之下，但為了前往下一個階段，必須暫時選擇放手。其實你應該可以追求更成熟的人生，可以更加活用自己的熱情來過生活才對（①）。至於結婚，就是為了達成這個目標的試金石（③）。如果可以展開新生活的話，不是光靠著年輕和氣勢度過每一天，而是應該埋頭苦幹踏實工作才對（②）。接下來，就可以培養出實質的幸福感。

這張卡牌顯示，整體來看，雖然你暫時遠離了目前愉快的人際關係，但是試著大幅度改變你的人生觀和生活觀（⑥）就可以讓你打從內心的更深處，燃起熱情，往更好的生活方式邁進（①）。

天球牌陣 *Celestial Spread*

桑德魯・克拉德的著作《經典塔羅牌陣》（Classic Tarot Spread）一書中，他以「行星大樓」（Planetary Mansion）概念介紹的方法，更進一步簡化占卜方式。占星的順序（占星術排列），是基於西洋的古典世界觀（其他行星以地球為中心進行公轉）來做卡牌配置。

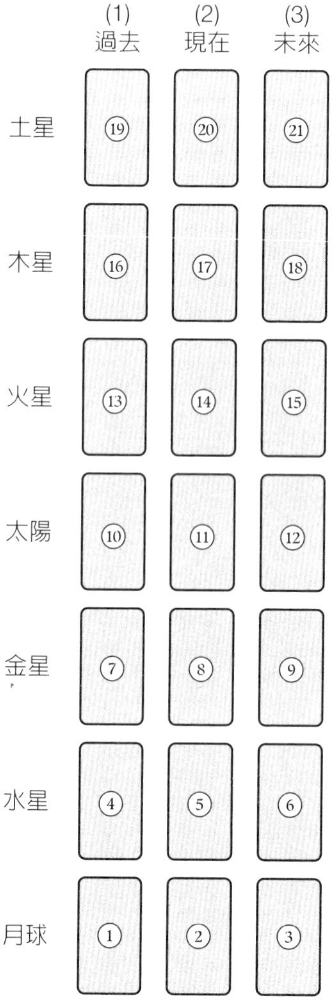

● **使用的卡牌**　全套卡牌。

● **可占卜的內容**　整個人生的整體運勢，或是針對特定主題的運勢。

● **順序**　將切牌完成後的卡牌，以從左而右的方向不斷累積排列成 7 列。將所有卡牌，或是想要占卜的位置的卡牌，翻到正面。

● **卡牌的解讀方式**

因為 (1) 這一列表示過去，(2) 這一列表示現在，(3) 這一列表示未來，按照你喜歡的時間列翻開卡牌。每一列分別累積的 3 張卡牌，由下而上依照順序，依序解讀下一個行星的意義。

最下排　⇒　月球：健康狀態，你的心理層面穩定狀態。

下方數來第二排　⇒　水星：才能、知性、工作的業績。

下方數來第三排　⇒　金星：被愛包圍，樂趣。

正中央（第四排）⇒　太陽：你的目的意識，成功的程度，滿意度和達成度。

上方數來第三排　⇒　火星：關於性的事情，人生中一決勝負的事。

上方數來第二排　⇒　木星：對你有利的事情，精神性事物。

最上排　⇒　土星：讓你感到極限的事情，制約。

〔範例〕天球牌陣

運用占星術進行的占卜方式，這也和黃道十二宮位牌陣一樣，適合進行人生整體性的占卜。

作為例題提出的詢問是，**「我即將退休，想知道今後的人生應該如何規劃比較好。」**出現的卡牌是①「錢幣皇后」、②「權杖2」、③「錢幣7」、④「寶劍7」、⑤「權杖9」、⑥「寶劍皇后」、⑦「錢幣9」、⑧「星星」、⑨「聖杯3」、⑩「錢幣8」、⑪「寶劍騎士」、⑫「寶劍ACE」、⑬「錢幣國王」、⑭「戰車」、⑮「聖杯9」、⑯「審判」、⑰「權杖8」、⑱「權杖10」、⑲「權杖ACE」、⑳「力量」、㉑「聖杯侍衛」。

整體來看，給人排列著好牌的印象。原則上，退休之後的生活可以不用擔心。在讀取卡牌的時候，像這樣先綜觀整體，掌握大方向的概念是很重要的。

其中，排列著讓人感覺最穩健的好牌，是在金星那一排。在這裡可以看到幸福的一家人，或是你與伴侶之間的生活，有嶄新的希望，以及調和的卡牌等。伴侶陪伴在身邊，與孫子之間也維持良好的關係。在顯示人生基礎和情緒穩定的月球那一排，也出現「錢幣皇后」等卡牌，可以看出生活的基礎是很穩固的。「權杖2」也可以看到某個東西朝著你而來，可能會增加新的家人或夥伴，像是孫子出生、交到新朋友、養了新的寵物等都有可能。

話說回來，在年齡上距離被稱為老人還有一段時間，因為出現在水星那一排的寶劍卡牌，讓你敏銳的知性閃耀著光輝。對學習新事物可能採取稍微謹慎的態度（「權杖9」），所以在此希望你能夠大膽挑戰新事物。接著，在木星那一排出現的「審判」，可以得知你透過學習，正成功形成新的人生觀。儘管很辛苦（「權杖10」），卻有其價值存在。

	(1) 過去	(2) 現在	(3) 未來
土星	⑲ 權杖ACE	⑳ 力量	㉑ 聖杯侍衛
木星	⑯ 審判	⑰ 權杖 8	⑱ 權杖10
火星	⑬ 錢幣國王	⑭ 戰車	⑮ 聖杯 9
太陽	⑩ 錢幣 8	⑪ 寶劍騎士	⑫ 寶劍ACE
金星	⑦ 錢幣 9	⑧ 星星	⑨ 聖杯 3
水星	④ 寶劍 7	⑤ 權杖 9	⑥ 寶劍皇后
月球	① 錢幣皇后	② 權杖 2	③ 錢幣 7

此外，在火星那一排出現了一連串強力的卡牌，可以預見你將再一次取得主導權，得以從事新的工作。儘管你覺得很麻煩，年輕人還是願意追隨你（「聖杯侍衛」、「力量」、「權杖ACE」）。因為火星那一排集結了充滿能量的卡牌，從事一些積極性的活動，取回活化人際關係的主導權，同時思考新的計劃，覺得如何呢？建議從事兼顧個人興趣的工作，或是之前從未嘗試過的嶄新活動。

巨星牌陣 *Grand Star Spread*

這是最早使用在撲克牌占卜中的傳統占卜牌陣。仔細觀察這個宛如魔法陣形狀的牌陣，一瞬間會讓人聯想到「意識變化」理論（Altered state of consciousness 又稱 ASC，如作夢的感覺），因此被認為是容易激發出靈感的占卜。

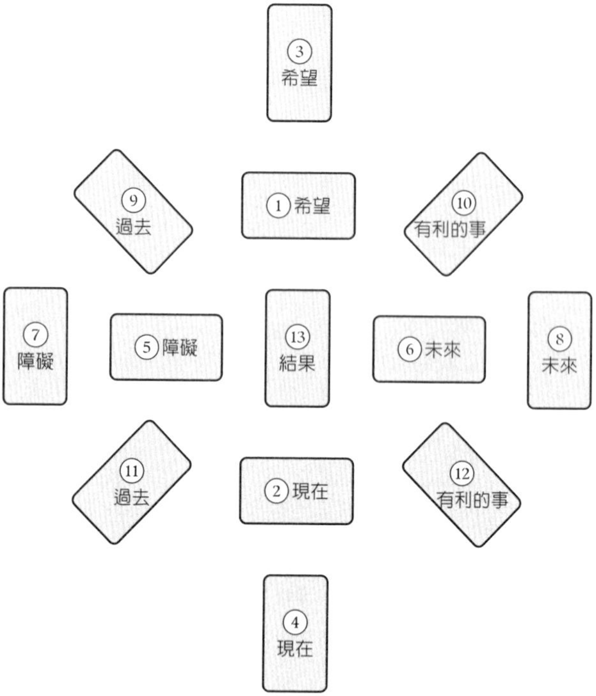

使用的卡牌　全套卡牌。

可占卜的內容　具體的煩惱或問題。

順序　將切牌完成後的卡牌，從上方抽牌並按照圖示的編號，依序以背面進行排列。從①開始依序將卡牌一張一張翻到正面後進行解讀，一開始就將所有卡牌以正面進行排列也可以。

卡牌的解讀方式

將兩張卡牌一邊互相對照，一邊進行解讀。等你習慣之後，按照以下指示，和其他卡牌一併進行解讀的話，可以讓你的解釋更具深度。

⑤、⑦**障礙**　⇒　變成你現在面臨的問題其形成理由，當時置身的狀況，當時的想法等。

⑨、⑪**過去**　⇒　顯示過去發生的重要事件、過去的狀況。（和⑤、⑦一併進行解讀可以得到更詳細的情報。）

①、③**希望**　⇒　在未來等著你的希望，被受占卜者埋藏在內心深處的願望等。（和⑨、⑪一併進行解讀可以得到更詳細的情報。）

②、④**現在**　⇒　成為現在的你的基礎事物。

⑥、⑧**未來**　⇒　從現狀歸納出近期內即將發生的事件，行動的結果。（和⑩、⑫一併進行解讀可以得到更詳細的情報。）

⑩、⑫**有利之事**

⇒　接下來的未來裡，對你而言有利的事和好的事情。

⑬**結果**　⇒　最終的結果，問題的關鍵點。

〔範例〕
巨星牌陣

雖然是傳統撲克牌占卜的展開法，但也可以應用在塔羅牌上。舉個實際的例子，**「我想成為作家，現在靠打工維持生計，未來的日子會變得怎樣呢？」**這樣的提問，我使用了全套卡牌進行占卜，出現了以下的卡牌。

現在（②、④）：「寶劍8」和「月亮」你似乎處在看不到未來的不安狀況。在昏暗之中，甚至像是被遮住眼睛一樣的狀況對吧？和障礙的位置相對應，畫著不實際的夢想藍圖，會讓你現在的不安更加擴大。

過去（⑨、⑩）：「聖杯4」和「權杖5」可以看出你對狀況抱持著不滿，到目前為止，你甚至壓抑著和周遭產生的衝突，與從中脫離出來的這段過往歷史，有著不顧周遭的反對企圖心，想轉行成為作家對吧！

希望（①、③）：「錢幣騎士」和「錢幣8」兩張牌都是錢幣。雖然默默地，但狀況確實向前推進，似乎是感受到受占卜者的希望。過往的不滿，是因為自己的關係而導致工作無法順利進展。因為工作忙碌，以及職場上的人際關係等造成爭議和壓力（⑨「聖杯4」、⑪「權杖5」）。

障礙（⑤、⑦）：「聖杯7」和「聖杯ACE」顯示充滿幻想的狀況。「聖杯ACE」基本上是一張好的卡牌，但我認為在這裡則是加強了「聖杯7」的意義（因為ACE是各組卡牌的能量來源）。可以想成，你將不實際的夢想描繪得太大。因為夢想很遠大，與現實之間有著差異，導致受占卜者感受到超乎標準以上的不安。

有利的事（⑩、⑫）：「寶劍3」和「錢幣2」雖然是很難解釋的卡牌，但是在這裡可以推測某種

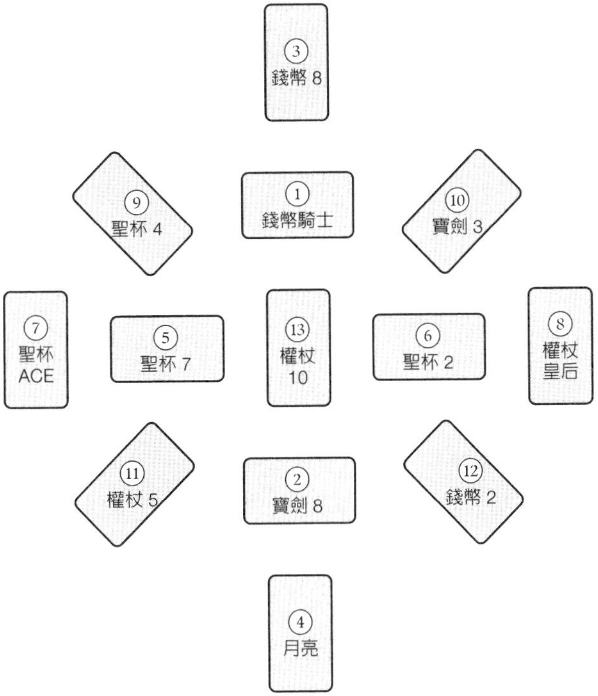

你心中受過的傷，會反映在你今後的作品中。（「寶劍3」代表傷心，「錢幣2」的舞姿顯示著某種程度的循環，在這裡表示痛苦會被回收的意思）。

未來（⑥、⑧）：「聖杯2」和「權杖皇后」顯示合作和幸福的卡牌。你可能會遇到很好的編輯（有可能是女性）。此外，它也顯示著必須是受占卜者真心喜愛的創作題材或書籍才行。

結果（⑬）：「權杖10」當然，要以作家身分存活下去不是一件簡單的事。就算你習慣了，還是會有很多沉重的壓力在等著你。儘管如此，只要你選擇喜愛的題材並且捨棄過度的期待，應該會找到選擇這條路的價值所在吧！

榮格式塔羅牌陣

Jungians Tarot

基於榮格心理學發展出的厚重牌陣。R・羅伯茲就是使用這個占卜方法，對神話學的J・坎貝爾進行占卜。

使用的卡牌　全套卡牌。

可占卜的內容　一邊回顧著自己或受占卜者的內心軌跡，一邊思考接下來的事情。

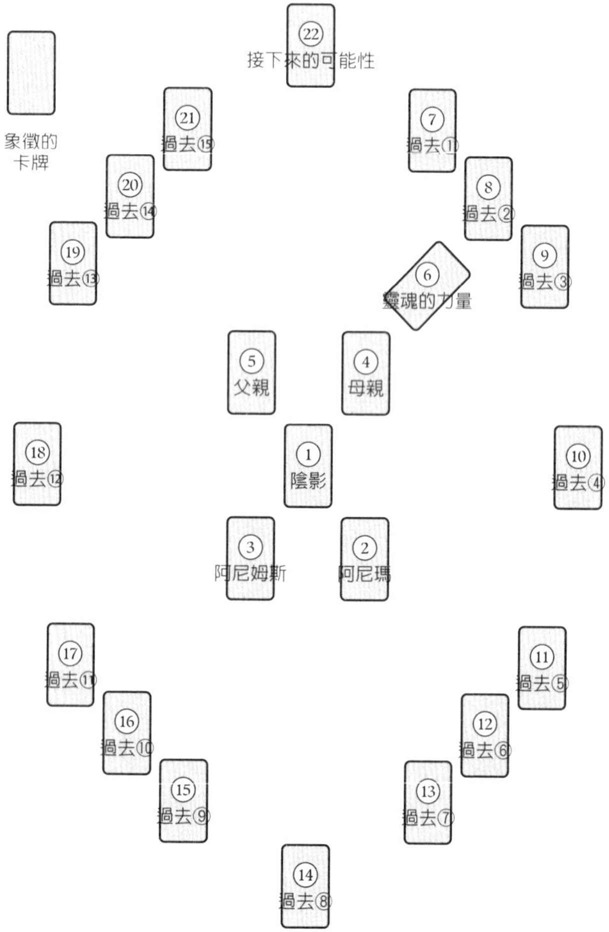

順序

（1）從 78 張卡牌中選出一張卡牌，作為象徵你（受占卜者）的卡牌。可以依據個人的形象憑直覺進行選擇，如果很難的話請參考星座。

- 火象星座的人（牡羊座、獅子座、射手座）⇒權杖
- 土象星座的人（金牛座、處女座、摩羯座）⇒錢幣
- 風象星座的人（雙子座、天秤座、水瓶座）⇒寶劍
- 水象星座的人（巨蟹座、天蠍座、雙魚座）⇒聖杯

＊在所有星座中男性就選國王，女性就選皇后，年輕男女選侍衛。將象徵的卡排抽出放在桌面上。

（2）剩下的 77 張卡牌切牌完成後，從上方抽牌並按照圖示的編號，依序以背面進行排列。接著將所有卡牌翻到正面進行解讀。

卡牌的解讀方式

人類的心，終其一生持續成長進化而被稱為「個性化」，在這個過程之中，榮格認為可以遇見存在於各自心中的這些「原型」要素。這個牌陣，就是沿用這個榮格學派的主張發展而來的。配置的卡牌，請參照下列「原型」進行解讀。

①**陰影** ⇒ 你自己不願意承認而壓抑在心中的那一面。

②**阿尼瑪** ⇒ 心中的女性像原理，理想的女性姿態。

③**阿尼姆斯** ⇒ 心中的男性像原理，理想的男性姿態。

④**母親** ⇒ 心中的母親原理，投射在母親身上的東西。

⑤**父親** ⇒ 心中的父親原理，投射在父親身上的東西。

⑥**靈魂的力量** ⇒ 發自你的體內深處推動著你的東西。

⑦～㉒ ⇒ 到㉑為止，顯示過往的事件如何形成目前為止的你。號碼越小代表年代越久遠的過去。㉒顯示的是接下來的可能性。

〔範例〕

榮格式塔羅牌陣

試著回顧過往人生，這是一種少見、別開生面的展示方式。沒有特別具體的問題，針對某位46歲女性（天秤座）的占卜結果如下。象徵的卡牌選擇了「寶劍皇后」。使用78張全套卡牌。

①陰影：「太陽」在影子裡出現太陽是很困難的，可以看出自我表現慾望和創造性受到壓抑。

②阿尼瑪：「錢幣9」對於過著幸福生活的女性產生憧憬。

③阿尼姆斯：「死神」對男性感到某種程度的失望，或是與喜歡的人經歷別離的傷痛（事實上，受占卜者與多年相伴的伴侶離婚了）。

④母親：「月亮」對母親懷抱著某種不信任感，或是幼小時無法在一起，投射出複雜的情緒（母親原本身為公司經營者，年幼時和母親一起生活的時間很短）。

⑤父親：「權杖3」望著港口的這張圖，可以解讀為等待父親這號人物出現的姿態。期待可將自己帶往新世界的父親或男性人物出現。

⑥「聖杯6」是顯現懷舊之情的卡牌。雖然很矛盾，但可回顧幼小時期的回憶，能看出某種回憶將受占卜者向前推進的一面。

從⑦開始依序探討。

過去：勤奮地累積努力出成果（⑦「錢幣侍衛」、⑧「錢幣8」），過往曾經一度實現了願望（⑨「聖杯9」）。那段期間曾經邂逅了相當具有衝勁的男性（⑩「寶劍國王」。因為這樣，所以學會了對權力者和重點人物該有的優異調解手腕（⑪「力量」），得到在社會中發揮能力的機會和精力（⑫「權杖ACE」）。但是，時間在轉瞬之間流逝（⑬「權杖8」），應該覺得工作是非常沉重的壓力（⑭「權

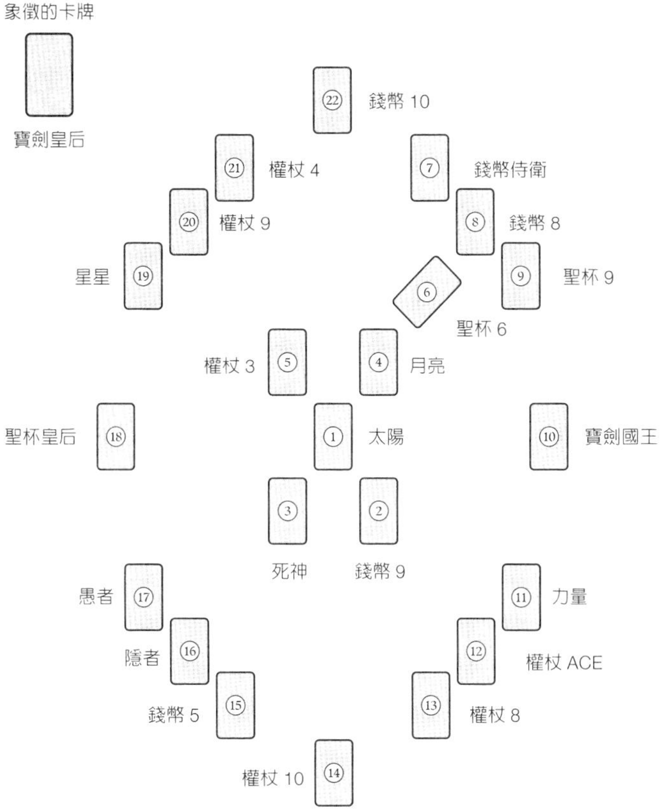

杖10」）。包含經濟層面在內，或許在年齡層面上也伴隨著孤單和不安的狀況（⑮「錢幣5」、⑯「隱者」）。但是，在這樣的中年危機之中，應該可以感受到新的可能性和新的開始（⑰「愚者」），也有了只有這個年齡的女性才有的喜悅和餘裕吧（⑱「聖杯皇后」、⑲「星星」）！雖然也有必須慎重其事的決定（⑳「權杖9」），但是不要把對雙親失望的陰影和為了得到誰的認可擺在第一優先（陰影①的「太陽」和㉑「權杖四」）的話，今後不只是結婚，與你相關的幸福的人際關係和生活模式，都會依序誕生才是（㉒「錢幣10」）。

塔羅占卜超上手圖解攻略

Ryuji Kagami's TAROT READING

熱銷新版

從入門到進階，最簡明分類、最易懂解說！

作　　者　鏡龍司（Ryuji Kagami）
翻　　譯　康逸嵐

責任編輯　蔡穎如
封面內頁編排　林詩婷

行銷主任　辛政遠
資深行銷　楊惠潔
通路經理　吳文龍
總 編 輯　姚蜀芸
副 社 長　黃錫鉉
總 經 理　吳濱伶
首席執行長　何飛鵬

出　　版　創意市集 Inno-Fair
發　　行　英屬蓋曼群島商家庭傳媒股份有限公司城邦分公司
Distributed by Home Media Group Limited Cite Branch
地　　址　15 臺北市南港區昆陽街 16 號 8 樓
8F., No. 16, Kunyang St., Nangang Dist., Taipei City 115, Taiwan

城邦讀書花園　www.cite.com.tw
客戶服務信箱　service@readingclub.com.tw
客戶服務專線　(02) 25007718、(02) 25007719
客戶服務傳真　(02) 25001990、(02) 25001991
服務時間　週一至週五 09:30 ～ 12:00、13:30 ～ 17:00
劃撥帳號　19863813　戶名：書虫股份有限公司
實體展售書店　115 臺北市南港區昆陽街 16 號 5 樓

I S B N　978-626-7488-34-8（紙本）／ 978-626-7488-42-3（EPUB）
版　　次　2024 年 11 月二版 2 刷
定　　價　新台幣 380 元／ 266 元（EPUB）／港幣 127 元

製版印刷　凱林彩印股份有限公司

◎如有缺頁、破損、裝訂錯誤，或有大量購書需求等，都請與客服聯繫。

國家圖書館預行編目 (CIP) 資料

塔羅占卜超上手圖解攻略：從入門到進階，最簡明分類、最易懂解說！/ 鏡龍司著 . -- 二版 . -- 臺北市：創意市集出版：家庭傳媒城邦分公司發行 , 2024.10
　面；　公分 --
譯自：鏡リュウジの実践タロット・リーディング

ISBN 978-626-7488-34-8 (平裝)
1.CST: 占卜

292.96　　113012511

香港發行所　城邦（香港）出版集團有限公司
九龍土瓜灣土瓜灣道 86 號順聯工業大廈 6 樓 A 室
電話：(852) 2508-6231
傳真：(852) 2578-9337
信箱：hkcite@biznetvigator.com

馬新發行所　城邦（馬新）出版集團
41, Jalan Radin Anum, Bandar Baru Sri Petaling, 57000 Kuala Lumpur, Malaysia.
電話：(603) 9056-3833
傳真：(603) 9057-6622
信箱：services@cite.my